# essentials

*essentials* liefern aktuelles Wissen in konzentrierter Form. Die Essenz dessen, worauf es als „State-of-the-Art" in der gegenwärtigen Fachdiskussion oder in der Praxis ankommt. *essentials* informieren schnell, unkompliziert und verständlich

- als Einführung in ein aktuelles Thema aus Ihrem Fachgebiet
- als Einstieg in ein für Sie noch unbekanntes Themenfeld
- als Einblick, um zum Thema mitreden zu können

Die Bücher in elektronischer und gedruckter Form bringen das Expertenwissen von Springer-Fachautoren kompakt zur Darstellung. Sie sind besonders für die Nutzung als eBook auf Tablet-PCs, eBook-Readern und Smartphones geeignet. *essentials:* Wissensbausteine aus den Wirtschafts-, Sozial- und Geisteswissenschaften, aus Technik und Naturwissenschaften sowie aus Medizin, Psychologie und Gesundheitsberufen. Von renommierten Autoren aller Springer-Verlagsmarken.

Weitere Bände in dieser Reihe http://www.springer.com/series/13088

# Dietmar Sternad · Florian Buchner

# Lernen durch Herausforderung

Studierendenzentrierte
Hochschullehre in Wirtschaft
und Gesundheitsmanagement

Dietmar Sternad
Studienbereich Wirtschaft &
Management
Fachhochschule Kärnten
Villach, Österreich

Florian Buchner
Studienbereich Gesundheit &
Soziales
Fachhochschule Kärnten
Feldkirchen in Kärnten,
Österreich

ISSN 2197-6708                          ISSN 2197-6716 (electronic)
essentials
ISBN 978-3-658-14141-7                  ISBN 978-3-658-14142-4 (eBook)
DOI 10.1007/978-3-658-14142-4

Die Deutsche Nationalbibliothek verzeichnet diese Publikation in der Deutschen National-
bibliografie; detaillierte bibliografische Daten sind im Internet über http://dnb.d-nb.de abrufbar.

Springer Gabler


Gedruckt auf säurefreiem und chlorfrei gebleichtem Papier

Springer Gabler ist Teil von Springer Nature
Die eingetragene Gesellschaft ist Springer Fachmedien Wiesbaden GmbH

*__Non est ad astra mollis e terris via.__*
*(Es ist kein bequemer Weg von der Erde
zu den Sternen.)*
*Seneca der Jüngere, Hercules Furens*

# Was Sie in diesem *essential* finden können

- Ein Lehrkonzept, das neben der Wissensvermittlung besonders auch zur Entwicklung von Problemlösungs-, Kooperations- und Selbstreflexionsfähigkeiten geeignet ist und zum eigenständigen, kritischen Denken anregt.
- Hinweise zur Gestaltung von Lernherausforderungen sowie von Feedback- und Reflexionsprozessen.
- Anregungen für studierendenzentrierte Lehre in Form eines Dialogs zwischen Lernenden und Lehrenden.
- Konkrete Praxisbeispiele für das Lernen durch Herausforderung aus dem Bereich der Wirtschafts- und der Gesundheitswissenschaften.
- Einen hochschuldidaktischen Ansatz, der auf Erkenntnissen der modernen Gehirn-, Lern- und Motivationsforschung basiert.

# Inhaltsverzeichnis

# Einleitung oder ein Gedanke vorweg 1

Ist es Ihnen nicht auch schon einmal so gegangen – Sie standen vor einer schier unlösbaren Aufgabe oder vor einer Herausforderung, bei der Sie nicht so recht wussten, wie Sie diese anpacken sollten, und dann haben Sie – meist nicht ohne eine Menge von Schwierigkeiten auf dem Weg dorthin – am Ende ein sehr schönes Ergebnis erzielt, ein Ergebnis, das zu Beginn in keiner Weise absehbar war. Ohne dass dabei alles glatt gelaufen sein muss. Und, im Nachhinein betrachtet, würden Sie sagen, das war ein Projekt, aus dem ich eine Menge gelernt habe, das mich – in welchem Bereich auch immer – ein gutes Stück weitergebracht hat und auf das ich auch ein wenig stolz bin. Vielleicht war es Ihre Dissertation, Ihr erstes Forschungsprojekt oder eine Konferenz, die Sie organisiert haben.

Ich (Florian Buchner) erinnere mich gut an jene Nacht im Januar 2000, es war eiskalt, ein Schneesturm fegte über die Straße um halb drei Uhr morgens. Ich stand mit meinem Koffer auf der Hauptstraße von Pristina, der Hauptstadt des Kosovo – und ich fragte mich wieder einmal, ob es notwendig war, sich auf ein solches Projekt einzulassen: für die WHO in einem Land – soweit man den Kosovo zu diesem Zeitpunkt als Land bezeichnen kann –, in dem erst ein halbes Jahr zuvor der Kosovokrieg beendet worden war. Ich bin gerade aus einem Bus gestiegen, aus der mazedonischen Hauptstadt Skopje kommend, wo unser Flugzeug gelandet war, da es in Pristina aufgrund des Schneesturms nicht landen konnte. Eine abenteuerliche, beschwerliche Fahrt über die verschneiten Berge, vorbei an Panzern, in verrauchten Bussen, nicht genau wissend wo und wie die Fahrt enden würde. Kein Zimmer war bestellt, wie eigentlich ausgemacht. Es gäbe noch von vielen Problemen zu berichten in den folgenden drei Wochen in diesem eiskalten Winter, von Unsicherheiten über das, was eigentlich getan werden sollte, wie man das Projekt am besten angeht und mit wem … aber das Entscheidende war: Am Ende war es ein extrem erfolgreiches Projekt. Ich habe ein Zuzahlungssystem (Selbstbehalte) im Gesundheitswesen für den Kosovo

© Springer Fachmedien Wiesbaden 2016
D. Sternad und F. Buchner, *Lernen durch Herausforderung,* essentials,
DOI 10.1007/978-3-658-14142-4_1

entwickelt, ein entsprechendes Gutachten mit meinem Kollegen Jürgen Wasem verfasst, vor den verantwortlichen Politikern in Pristina präsentiert – und die Vorschläge wurden eins zu eins übernommen und ins Gesetz übertragen. Ich habe extrem viel gelernt, gelernt durch eigenes Handeln, gelernt auf ganz unterschiedlichen Ebenen, es war ein spannendes Projekt, eine gewaltige Herausforderung … aber es soll hier nicht um den Kosovo gehen, sondern darum, was wir uns unter einer Herausforderung vorstellen und wie aus eigenen Erfahrungen ein solches Lehrkonzept entstehen kann (dazu mehr in Kap. 4 sowie in Abschn. 7.3).

Und damit sind wir bei der Idee, die hinter dem steckt, was wir als „Lernen durch Herausforderung" verstehen: Wir wollen den Studierenden Herausforderungen bieten, in denen sie Gelerntes anwenden können, in denen sie unterschiedliche Wege austesten können, die sie erfolgreich bestehen können, an denen sie wachsen können, auch im Scheitern – diese Möglichkeit muss immer auch gegeben sein. Das alles aber vor dem sicheren Hintergrund eines Hochschulrahmens, der ein Testen, ein Ausprobieren, ein Erwerben eigener neuer Erfahrungen möglich macht, ohne den Konsequenzen zu unterliegen, die in der Realität eines Berufsalltags in der Regel allgegenwärtig sind, wo Erfolg oft das einzig entscheidende Kriterium ist. In unserem Konzept ist nicht der Erfolg das Entscheidende, sondern das Lernen, das Sammeln von Erfahrungen – und da sind Fehler manchmal lehrreicher als Erfolge. Gleichzeitig wird eine Brücke geschlagen zwischen dem, was und wie an der Hochschule gelernt wird, und dem, wie die berufliche Zukunft aussehen kann.

# Ein herausforderungsbasierter Ansatz für die Hochschullehre

**2**

Im Bereich der Hochschuldidaktik wird vielfach ein **Paradigmenwechsel „vom Lehren zum Lernen"** beschworen. Es geht dabei um eine grundlegende Neuorientierung, weg von einem Fokus auf die Wissensvermittlung durch die Lehrperson, hin zum Schaffen von Rahmenbedingungen, unter denen Studierende selbst Wissen entdecken und Problemlösungsfähigkeiten erwerben können (Barr und Tagg 1995). Wissensvermittlung wird durch Kompetenzvermittlung ersetzt bzw. im besseren Falle ergänzt. Die Rolle des Lehrenden wandelt sich vom Vortragenden zum „Lernbegleiter" – und in unserem Konzept auch zum „Herausforderer".

Der Hintergrund dieser Entwicklung ist gut nachvollziehbar: Die Halbwertszeit des Wissens sinkt beständig, während die Komplexität der zu bewältigenden Aufgaben vielfach steigt. In der Praxis werden **Kompetenzen** – in verschiedenen Situationen variabel einsetzbare Problemlösungsfähigkeiten – verlangt, um immer neue Herausforderungen bewältigen zu können. Neben Fach- und Methodenkompetenzen sind dabei vor allem auch Kommunikations- und Sozialkompetenzen gefordert, die Problemlösungen in Kooperation mit anderen ermöglichen (Braun et al. 2008). Dazu steigt in einem sich ständig wandelndem Umfeld auch die Bedeutung von **„Metakompetenzen",** die es ermöglichen, die eigenen Kompetenzen an neue Anforderungen anzupassen oder zu erweitern. Beispiele dafür sind die Fähigkeit zur Reflexion über das eigene Denken und Handeln oder die Fähigkeit zum selbst gesteuerten Lernen.

Die Entwicklung des gesamten Hochschulwesens in Richtung Kompetenzorientierung – in Europa beschleunigt durch den Bologna-Prozess – bedeutet aber nicht, dass man das Aneignen von Wissen vernachlässigen sollte. Ohne solides Grundlagenwissen wird man nicht in der Lage sein, neue Informationen korrekt einzuordnen und in einen weiteren Zusammenhang zu bringen und damit wirklich zu „verstehen". Komplexe Herausforderungen sind nur dann zu lösen, wenn man Wissen um

© Springer Fachmedien Wiesbaden 2016
D. Sternad und F. Buchner, *Lernen durch Herausforderung,* essentials,
DOI 10.1007/978-3-658-14142-4_2

Strukturen und Wirkungen von Systemen mitbringt und dieses dann auch mit den oben beschriebenen Problemlösungskompetenzen verbinden kann. Hochschulen sollten daher das Erlernen von beidem, Wissen und Kompetenzen, gleichermaßen im Fokus haben. Dadurch entstehen höhere Anforderungen an die Lehrenden. Es geht dabei vor allem darum, den sozialen Prozess des Lehrens möglichst gut auf den individuellen Entwicklungsprozess des Lernens abzustimmen (Reinmann 2013). Nicht ein Ersetzen des Lehrens durch rein selbstbestimmtes Lernen ist das Ziel, sondern eine auf die jeweiligen Lernziele abgestimmte optimale Kombination von Selbstbestimmung und Anleitung bzw. Feedback.

Im Folgenden wird ein Konzept vorgestellt, im Rahmen dessen Studierende jenes Wissen und jene Kompetenzen erwerben können, die sie bestmöglich auf die Herausforderungen der **Praxis in der Wirtschaft und im Gesundheitswesen** vorbereiten. Das Wort „Praxis" stammt aus dem Altgriechischen und bedeutet „Tun" oder „Handeln". Sowohl in der Wirtschaft als auch im Gesundheitswesen geht es immer wieder darum, neue Herausforderungen durch (idealerweise gut durchdachtes) Handeln zu bewältigen. Zur Lösung dieser Herausforderungen ist man in der Regel auf die Zusammenarbeit mit anderen angewiesen, die häufig aus ganz unterschiedlichen Bereichen kommen, sodass Kompetenz im kooperativen Handeln gefragt ist.

Das hier vorgestellte Konzept des **„Lernens durch Herausforderung"** (kurz **LdH**) versucht, die Anforderungen der Praxis in der Hochschule abzubilden. Studierende werden bereits während ihres Studiums mit **Herausforderungen** konfrontiert, die sie, oft in Zusammenarbeit mit anderen, lösen müssen. Dies kann von zusätzlicher Wissensvermittlung vonseiten des/der Lehrenden vor oder während der Herausforderung begleitet sein. Ganz wesentlich für den Lernerfolg sind aber **Feedback,** welches die Studierenden zu ihrem Ansatz der Bewältigung der Herausforderung bekommen und **strukturierte Reflexionsanregungen** zur Konsolidierung der Lernerfahrungen. Eine zielgerichtete Einbettung von Einzelherausforderungen in ein **didaktisches Gesamtkonzept** ermöglicht eine schrittweise Entwicklung von Wissen und Kompetenzen.

Im folgenden Kap. 3 wird das Grundmodell des Lehr- und Lernkonzeptes vorgestellt, ein Lernkreis in vier Schritten (Herausforderung – Handeln – Feedback – Reflexion). In den Kap. 4 (Herausforderung), 5 (Feedback) und 6 (Reflexion) wird auf die Gestaltung einzelner Elemente des Lernkreises eingegangen. Im Kap. 7 werden dann drei konkrete Anwendungsbeispiele für Lernen durch Herausforderung vorgestellt. Dabei handelt es sich um ein strategisches Rollenspiel, bei dem Studierende ein neues Gesundheitssystem für das Fantasieland „Noricum" entwickeln, um eine hochschulinterne Forschungskonferenz, für welche die Studierenden auf der Grundlage des OECD-Datensatzes Gesundheit ein Forschungspapier entwickeln, das einen Review-Prozess durchläuft und anschließend auf einer Konferenz präsentiert wird, sowie um die „24-Stunden-Challenge", bei welcher die Studierenden innerhalb eines Zeitrahmens von 18–24 h für ein Unternehmen ein Konzept für den Neueintritt in einen Auslandsmarkt entwickeln. In Kap. 8 wird dargestellt, wie das Grundmodell in ein umfassendes didaktisches Gesamtkonzept eingebettet werden kann. Kap. 9 zeigt abschließend auf, wie das Lernen durch Herausforderung auf lern-, motivations- und neurowissenschaftlichen Grundlagen aufbaut.

# Der Lernkreis: Herausforderung – Handeln – Feedback – Reflexion 3

Die Basis des herausforderungsbasierten Lernmodells stellt der in Abb. 3.1 dargestellte **„Challenge-Feedback-Lernkreis"** dar (Sternad 2015a). Er beginnt mit einer **Herausforderung** („challenge"), die vonseiten des/der Lehrenden an die Studierenden gestellt wird. Diese Herausforderung wird aus den Lernzielen abgeleitet. Im nächsten Schritt handeln die Studierenden selbst aktiv („act"), um die Herausforderung zu lösen. Das **Handeln** findet üblicherweise in Zusammenarbeit mit anderen Studierenden (z. B. in Form von Teamarbeit) statt. Während bzw. nach der aktiven Bewältigung der gestellten Herausforderung bekommen die Studierenden **Rückmeldung** („feedback") über ihre Leistung und ihr Verhalten. Danach wird ihnen in strukturierter Form die Möglichkeit geboten, ihr eigenes Handeln sowie insbesondere das Feedback zu **reflektieren** („reflect"). Dadurch kann die Lernerfahrung bewusst gemacht werden, was eine „Einspeicherung" des Gelernten und ein Abrufen in weiteren Herausforderungssituationen erleichtert. Die Reflexion kann einen Rückbezug auf die ursprüngliche Herausforderung herstellen (gestrichelte Linie in Abb. 3.1).

Lernen ist nicht ein einmaliges Ereignis, das nach einer Lehrintervention abgeschlossen ist. Lernen ist ein fortwährender Prozess und bedeutet ständige Weiterentwicklung. Die Reflexion über die Rückmeldung und das eigene Handeln der Studierenden kann die Basis für die Bewältigung weiterer (Lern-)Herausforderungen darstellen – die Lernenden erreichen ein höheres Wissens- oder Kompetenzniveau. Der Lernkreis kann also wiederkehrend durchlaufen werden, idealerweise mit fortschreitend komplexer bzw. schwierigerer werdenden Herausforderungen (siehe Kap. 8 „Einbettung in ein Gesamtkonzept").

Das Konzept versteht Lernen an der Hochschule als einen **Dialog zwischen Lehrenden und Lernenden.** Die Lehrenden gestalten den Lernzielen entsprechende Herausforderungen, die Studierenden versuchen, die Herausforderungen zu bewältigen. Auf die entsprechenden Ergebnisse der Studierenden geben die

© Springer Fachmedien Wiesbaden 2016
D. Sternad und F. Buchner, *Lernen durch Herausforderung*, essentials,
DOI 10.1007/978-3-658-14142-4_3

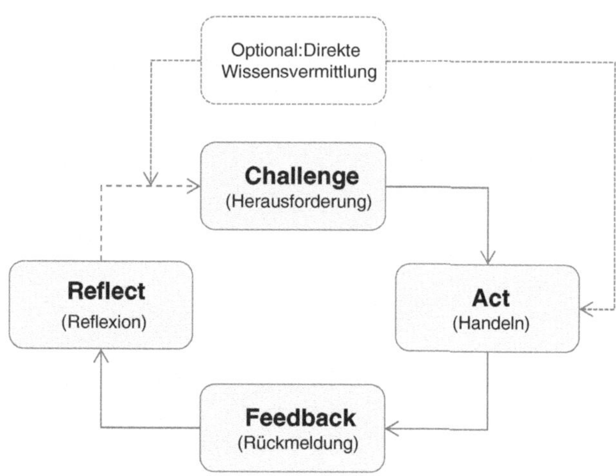


**Abb. 3.1** Der Lernkreis: Herausforderung – Handeln – Feedback – Reflexion. (Quelle: leicht adaptiert übernommen aus Sternad 2015a; reprinted by permission of the publisher Taylor & Francis Ltd., http://www.tandfonline.com)

Lehrenden Feedback und die Studierenden reflektieren über die erhaltenen Rückmeldungen. Es ergibt sich ein stetiger Austausch zwischen beiden Seiten und eine Form des Lernens, die mehr einem begleiteten Entdecken, Durchdringen und Entwickeln entspricht und damit deutlich über eine „Einbahnstraße" hinausgeht, in der nur in einer Richtung Wissen von der Lehrperson an die Studierenden weitergegeben wird.

Lernen durch Herausforderung steht dabei nicht im Gegensatz zur klassischen Vorlesung, sondern bildet eine klare Verbindung bzw. Ergänzung. Der dargestellte Ansatz baut in aller Regel auf Vorwissen auf und bietet Gelegenheit, Vorwissen aus unterschiedlichen Bereichen und auf unterschiedlichen Ebenen zusammenzuführen und selbstständig in einem komplexeren Kontext anzuwenden. Dabei kann es durchaus Sinn machen, entsprechende Elemente einer direkten Wissensvermittlung in das vorgestellte Lernkonzept zu integrieren, zum Beispiel dann, wenn ein bestimmtes Basiswissen oder gewisse Zusammenhänge für die Bewältigung der Herausforderung zwingend erforderlich sind und nicht aufgrund des Vorwissens vorausgesetzt werden können. So kann vor oder während der Bearbeitung der Herausforderung unterstützend aufgabenrelevantes Wissen zur Verfügung gestellt werden. Wenn die Studierenden durch die direkte Anwendbarkeit des Wissens bei der Bearbeitung der gestellten Herausforderung dessen Relevanz erkennen, steigt die Chance, dass dieses Wissen nachhaltig verankert wird.

Aus unserer Sicht ergeben sich folgende **Stärken des Lernens durch Herausforderung:**

- Studierende lernen, komplexe Herausforderungen anzunehmen, mit ihnen umzugehen und sie zu lösen, und werden dadurch bestmöglich auf ähnliche Situationen in der Praxis vorbereitet.
- Es fördert durch die kollaborativen Elemente des Lernprozesses (insbesondere durch das gemeinsame Bewältigen von Herausforderungen mit anderen) die Entwicklung von Sozial- und Kooperationskompetenzen.
- Studierende werden zum Selbst-Denken und Selbst-Tun angeregt, zum Teil sogar gezwungen, was sowohl zu einer Aktivierung beiträgt als auch das Lernen von prozeduralem Wissen erleichtert.
- Es fördert die Entwicklung von Selbstreflexions- und Selbstentwicklungsfähigkeiten und trägt zur Ausbildung eines kritischen Denkens bei (da zur Lösung der Herausforderungen gewohnte Herangehensweisen und Denkmuster infrage gestellt und neue Lösungswege entwickelt werden müssen).

# Herausforderung 4

Unter einer Herausforderung verstehen wir in diesem Zusammenhang eine **anspruchsvolle, komplexe Aufgabe,** die von Studierenden, oft in Zusammenarbeit mit anderen, bewältigt werden soll. Eine solche Herausforderung kann nicht am Reißbrett entworfen werden. Dazu ist vielmehr eine gute Idee notwendig, die dann Grundlage für ein entsprechendes Lehrkonzept sein kann. Hier sind der Kreativität kaum Grenzen gesetzt, es gibt allerdings auch keine einfache Anleitung. Das Konzipieren einer solchen Herausforderung ist selbst genau in diesem Sinne eine Herausforderung, allerdings für den Lehrenden (siehe dazu auch Abschn. 7.3). Einige zentrale Charakteristika für eine solche Herausforderung, die bei der Entwicklung eines entsprechenden Lehrkonzeptes hilfreich sein können, sind in der Regel die folgenden Punkte:

- **Großes Maß an Freiheit für die Studierenden.** Die Studierenden sollen insbesondere bei Ihrer Herangehensweise ein deutliches Maß an Freiheit genießen. Das kann sogar so weit gehen, dass die Studierenden für einen Augenblick mit dem ungewohnten Ausmaß an Freiheit ein wenig überfordert sind. Der Umgang mit dieser Freiheit und die Suche nach einem eigenen Lösungsweg sind entscheidende Bestandteile des vorgestellten Lehr- und Lernkonzeptes.
- **Keine Musterlösung.** Im Gegensatz zu Klausuren ist für solche Herausforderungen keine Musterlösung gegeben, der die Studierenden mit ihrem Ansatz der Aufgabenbewältigung möglichst nahe kommen sollten. Das heißt aber keinesfalls, dass hier eine Beliebigkeit gegeben ist: es müssen Kriterien für die Bewertung der Qualität einer Lösung gegeben sein. In aller Regel ist aber eine Einschätzung der Qualität der studentischen Arbeiten komplex und kann nicht durch einfache Einschätzung der Kriterien und eine Zusammenfassung dieser Werte über eine einfache Formel zu einer Note durch Nicht-Fachleute reduziert werden.

© Springer Fachmedien Wiesbaden 2016
D. Sternad und F. Buchner, *Lernen durch Herausforderung,* essentials,
DOI 10.1007/978-3-658-14142-4_4

- **Hohes bzw. umfangreiches Anspruchsniveau.** Ein mittlerer Komplexitäts- bzw. Schwierigkeitsgrad (d. h. etwas über dem bestehenden Wissens- bzw. Fähigkeitsniveau der jeweiligen Studierendengruppe) wird oft als optimal beschrieben. Im Sinne einer echten Herausforderung weichen wir von diesem Ansatz ab und sehen bei größeren Projekten auch ein Anspruchsniveau deutlich über dem bisherigen Wissens- und/oder Erfahrungsniveau der Studierenden als zielführend an. Die Herausforderung kann für die Studierenden auf den ersten Blick kaum erfüllbar erscheinen oder sie wissen zunächst nicht so ganz klar, wo sie ansetzen „sollen". Diese Phase, in der keines der bisher gelernten Schemata so hundertprozentig greift, ist durchaus gewollt und führt zu einem ersten tieferen Nachdenken über Vorgehen, Ziele, Methoden etc. und im nächsten Schritt zur Entwicklung eines eigenen Konzeptes des Vorgehens (bewusst oder unbewusst). Sowohl das Aha-Erlebnis, wenn es den Studierenden bei einem solchen Projekt gelingt, die Aufgabe erfolgreich zu lösen, als auch der Stolz auf das, was sie mit eigenen Kräften geschafft haben, ist bei einem solchen Projekt umso größer. Zudem verankern die damit verbundenen Emotionen den Lerninhalt tiefer (oft bildet die Beschäftigung mit solchen Herausforderungen die zentrale Erinnerung an das Studium).
- **Zurückhaltung der Lehrenden.** Es kann sinnvoll sein, innerhalb eines solchen Projektes die Studierenden bewusst mit Ihren Überlegungen und auch Ihren Zweifeln über einen gewissen Zeitraum alleine zu lassen. Damit wird die Eigenverantwortung der Studierenden für die Wahl einer Methode, eines Themas, einer Quelle verstärkt – und am Ende auch der Stolz auf etwas (weitgehend) selbstständig Geschaffenes. Für Lehrende ist das zum Teil ungewohnt, da sie aus ihrer Rolle heraus eigentlich gewohnt sind, bei Fehlern oder ungewohnten Ansätzen unmittelbar belehrend einzugreifen – oder zumindest bei Nachfrage mit hilfreichen Ratschlägen zur Seite zu stehen.
- **Einbettung in ein Gesamtkonzept.** Eine Einbettung des LdH in den größeren Gesamtzusammenhang eines Curriculums ist essenziell. Ohne Grundlagenwissen macht eine herausfordernde Aufgabe wenig Sinn (außer sie ist zur Sensibilisierung, zur Entwicklung eines Problembewusstseins konzipiert). Ein solches Lernen wird zur Spielerei, zum puren trial and error, die gewonnen Erkenntnisse können nicht in einen größeren Gesamtzusammenhang eingeordnet werden. Wichtig ist auch eine Anpassung der einzelnen Teile des vorgestellten Ansatzes an das Vorwissen der Studierenden bzw. an den Zeitpunkt der Veranstaltung im Curriculum: Je höher Kompetenzniveau und Wissen der Studierenden, je später die Veranstaltung im Curriculum angesiedelt ist, desto größer können Anforderungen, Komplexitätsgrad und Freiheitsgrad der Herausforderung sein (siehe dazu auch Kap. 8).

Diese Punkte sind nicht alle notwendigerweise in jedem LdH-Lehrkonzept reali-siert, charakterisieren aber das, was wir uns unter einer „Herausforderung" vor-stellen. Für die Detail-Konzeptionierung bzw. die didaktische Aufbereitung einer Herausforderung können die folgenden Punkte hilfreich sein:

- **Klarheit der Rahmenbedingungen.** Die Rahmenbedingungen der Herausfor-derung sollten den Studierenden, möglichst zu Beginn der Veranstaltung, klar dargelegt werden. Dabei kann es sich beispielsweise um Details der Leistungs-bewertung handeln oder um einen klar vorgegebenen zeitlichen Rahmen mit entsprechenden Deadlines. Die Studierenden sollten vor Beginn der Bearbei-tung einer Herausforderung ausreichend Gelegenheit haben, Verständnisfragen sowie Fragen zur Organisation und Durchführung zu stellen, um danach eine Phase ohne Intervention oder Rückfragen zu ermöglichen. Unnötige Unsicher-heiten, die zu Demotivation und mangelndem Fokus auf die Aufgabe führen können, sollen vermieden werden. Ein von vornherein festgelegter, klarer Zeitplan kann in diesem Sinne für die Studierenden eine große Hilfe bilden – zumindest in unseren Veranstaltungen haben wir immer wieder entsprechendes Feedback erhalten.
- **Transparenz der Lernziele.** Wenn die Studierenden genau wissen, was und wie sie anhand einer Herausforderung lernen sollen, kann dies – ganz im Sinne des „Visible-Learning"-Ansatzes von Hattie (2009), in dem es nicht nur darum geht, das Lernen der Studierenden für den Lehrenden „sichtbar" zu machen, sondern auch darum, den Lernprozess für die Studierenden „sichtbar" und nachvollziehbar zu machen – zu positiven Auswirkungen auf die Lernmo-tivation und den Lernerfolg führen.
  Es ist sinnvoll, den Studierenden am Beginn der Veranstaltung klar aufzuzei-gen, was die Lehr- und Lernziele sind, die mit der Bearbeitung der Herausfor-derung erreicht werden sollen. Oft verlieren die Studierenden diese während der Bearbeitung etwas aus den Augen. Daher kann es wichtig sein, diese Ziele im Zuge des Feedbacks noch einmal darzulegen und möglicherweise auch in die Reflexionsanleitung aufzunehmen.
- **Lernzielorientierung.** Eine Herausforderung sollte zu den Lern-/Kompeten-zerwerbszielen passen und instrumental zu deren Erreichung sein.
  Um eine konkrete Vorstellung zu vermitteln, wie eine „Herausforderung" aus-sehen kann, werden in Kap. 7 drei umfangreichere Praxisbeispiele dargestellt.

Im Folgenden werden verschiedene Beispiele für Kategorien von Herausforde-rungen vorgestellt.

**a) Herausfordernde Aufgaben zur Wissensaufbereitung:** Bei dieser Art der Herausforderung steht die selbstständige Erarbeitung, Aufbereitung und Weitergabe von Wissen (allein oder im Team) im Vordergrund. Diese Art der Herausforderung dient einerseits ihrer Natur nach der Wissensaneignung, trainiert andererseits aber auch Kompetenzen im Bereich der Wissensvermittlung. Wie bei anderen teambasierten Herausforderungen werden auch Sozialkompetenzen gestärkt. Die Notwendigkeit, sich über die zu verarbeitenden Informationen mit anderen auszutauschen, kann zudem zu einer kritischeren Auseinandersetzung mit den jeweiligen Materialien führen. Im Rahmen der Feedback- und Reflexionsschleife können dann sowohl das erarbeitete Wissen als auch der Prozess der Wissensverarbeitung im Mittelpunkt stehen.

Ein Beispiel für eine solche Art von Herausforderung könnte die Erstellung einer Informationsbroschüre, z. B. über die Ausbreitung einer ansteckenden Krankheit in Kindergärten und Schulen, sein (Konzept entwickeln, Texte zielgruppengerecht formulieren, Formatieren und Broschüre erstellen).

**b) Entscheidungssituationen:** Bei dieser Art der Herausforderung geht es um den Erwerb von prozeduralen Kompetenzen im Zusammenhang mit der Entscheidungsfindung in spezifischen Anwendungsfällen. Die Stärkung analytischer Fähigkeiten sowie von Fähigkeiten zur Entwicklung von Problemlösungs- und Handlungsstrategien stehen im Vordergrund. Wie bei anderen teambasierten Herausforderungen ist aber auch Sozialkompetenz bei der kollektiven Entscheidungsfindung gefordert, insbesondere auch der Umgang mit verschiedenen Meinungen und eventuell daraus entstehenden Konflikten.

Eine besondere Form von Herausforderung des Typs „Entscheidungssituationen" sind Projekte, die von Studierendenteams für reale Unternehmen bzw. Organisationen durchgeführt werden. Dabei stellen externe Kooperationspartner konkrete Herausforderungen vor, vor denen sie selbst stehen. Bei solchen Projekten geht es meist um eine Problemstellung, für welche mehrere alternative Strategien geprüft werden müssen, um eine für die jeweilige Situation optimale Strategie auszuwählen und diese gegebenenfalls auch gleich umzusetzen. Solches projektbasiertes Lernen wird in vielen Hochschulen bereits erfolgreich eingesetzt und hat sich vor allem für den Erwerb von Kompetenzen im Bereich der Anwendung von gelerntem Wissen auf konkrete Praxisprobleme bewährt (Mills und Treagust 2003). Eine Ergänzung des aktiven Projektlernens durch ausführliche, strukturierte Feedback- und Reflexionsprozesse führt zu einer stärkeren Verankerung der Lernergebnisse.

**c) Simulationen:** Bei dieser Form von Herausforderung stehen modellhafte Nachbildungen von realen Systemen im Mittelpunkt, bei welchen Studierende bzw. Studierendenteams im Rahmen vorgegebener Systemregeln Strategien entwickeln, verhandeln, Entscheidungen treffen, etc. Es gibt dabei zwei Typen von Simulationen: einerseits jene, bei denen die Studierenden ohne direkte Interaktion untereinander eine Simulation durchlaufen, und andererseits jene, bei denen es auch zu einer Interaktion und/oder Wechselwirkung zwischen Studierendenteams kommt. In letzterem Fall haben die Entscheidungen eines Teams auch Auswirkungen auf die Ergebnisse anderer Teams. Forschungsergebnisse weisen darauf hin, dass Simulationen neben der Stärkung von Teamkompetenz und einer verstärkten Aktivierung von Studierenden besonders positive Effekte für das Erkennen von Zusammenhängen in komplexen Systemen haben können (Farrell 2005). Durch die generelle Anlage von Simulationen als (vereinfachte) Abbildung der Wirklichkeit sollte idealerweise auch der Transfer von Lernergebnissen in einen echten Anwendungsfall erleichtert werden (Kerres et al. 2009).

Im Laufe der letzten Jahre haben internetbasierte Simulationen sowie sogenannte „Serious Games" (digitale Spiele, die hauptsächlich einem Lernziel dienen) an Bedeutung gewonnen. Zudem können auch komplexe Rollenspiele dieser Kategorie von Herausforderungen zugerechnet werden (siehe Abschn. 7.3 für ein Beispiel aus dem Bereich der Gesundheitsökonomik).

Die Debriefing-Phase (bestehend aus Feedback und Reflexion) ist bei Simulationen besonders wichtig für den Lerneffekt, um das Lernen nicht auf das Erlernen der Spielregeln der Simulation zu beschränken, sondern insbesondere auch den Transfer der Lernerfahrungen in die „reale Welt" zu ermöglichen (Peters und Vissers 2004). Um diesen Transfer in die Praxis zu fördern, sollte ein Debriefing nach Abschluss der Simulation besonders auf die Ähnlichkeiten und Unterschiede der Simulation zu einer „Echtsituation" sowie auf die Anwendbarkeit der Erkenntnisse in der Praxis fokussieren. Feedback- und Reflexionseinheiten aber können auch während der laufenden Simulation eingebaut werden. Rückmeldungen über Fortschritte auf dem Weg zur Zielerreichung können eine motivierende und auf die (Lern-)Ziele fokussierende Wirkung haben. Zudem können Studierende in diesem Fall eventuelle Lernerfahrungen gleich in der nächsten Herausforderung innerhalb der Simulation anwenden und überprüfen, und damit den „Challenge-Feedback-Lernkreis" gleich mehrmals durchlaufen.

Beispiele für diese Art von Herausforderung bilden sowohl die in Abschn. 7.1 vorgestellte „OECD-Konferenz" als Simulation einer Forschungskonferenz bzw. eines ganzen Forschungsprozesses als auch das in Abschn. 6.3 vorgestellte Lehrkonzept „Noricum" als Simulation der Entwicklung eines Gesundheitssystems.

**d) Forschendes Lernen:** Ohne auf den großen Bereich des forschenden Lernens tiefer einzugehen, sei darauf hingewiesen, dass forschendes Lernen sehr gut Herausforderungen in unserem Sinne bieten kann. Ludwig (2009) zählt als

Merkmale forschenden Lernens u. a. die selbstständige Wahl des Themas, die selbstständige Entwicklung einer „Strategie" bei der Bearbeitung des Themas, das Risiko von Irrtümern und Umwegen oder das selbstkritische Prüfen von Ergebnissen auf – alles Punkte, die mit Kriterien wie Freiheit für die Studierenden bei der Bearbeitung einer Herausforderung, Fehlen einer Musterlösung oder Zurückhaltung der Lehrenden gut zusammenpassen.

Herausforderungen können sich in größeren Forschungsprojekten als Teilaufgaben des Gesamtprojektes ergeben, die von Studierenden(gruppen) übernommen und in Eigenregie durchgeführt werden können. Dabei ist es wichtig, dass a) die Aufgabe, die als Herausforderung dienen soll, klar abgegrenzt wird, b) für die Studierenden die Einbettung ins Gesamtprojekt sichtbar gemacht wird und c) die Studierenden verstehen, was zu tun ist und was nicht. Wichtig ist bei solchen Ansätzen der Lehre bzw. des Lernens, dass auf ein umfassendes Feedback nach Durchführung der Teilaufgabe durch die Studierenden geachtet wird. In der Regel ist es für die Studierenden sehr motivierend, zu verstehen und zu sehen, wo und wie ihre Ergebnisse in das Gesamtprojekt einfließen – das verstärkt die Identifikation und die Freude über das, was geleistet wurde

Eine andere Art des forschenden Lernens besteht darin, für die Studierenden kleinere, eigene Forschungsaufgaben zu kreieren, die nicht Teil eines größeren, realen Forschungsprojektes sind. In diesem Sinne ist die in Abschn. 7.1 vorgestellte „OECD-Konferenz" auch ein Beispiel für forschendes Lernen als Lernen durch Herausforderung.

# Feedback 5

Ohne adäquates Feedback ist effizientes Lernen nicht möglich und Verbesserung kann, auch bei hoch motivierten Teilnehmern, nur ansatzweise gelingen, meinen Ericsson et al. (1993) – das kann für das LdH nur unterstrichen werden. Nach Phasen des selbstständigen, kreativen Arbeitens der Studierenden ist eine Rückkopplung durch die Lehrenden notwendig. Daher spielt Feedback im hier vorgestellten Konzept eine ganz zentrale Rolle. Grundidee des Feedbacks ist es in diesem Zusammenhang, den großen Freiraum, den die Studierenden bei der Bearbeitung der gestellten Herausforderung hatten und den sie durch eigenständige Überlegungen und entsprechende Ausführungen gefüllt haben, durch eine Analyse und Bewertung des Geleisteten durch den/die Lehrenden aufzuarbeiten, einzuordnen und zu bewerten. Wenn den Studierenden viel Freiraum gegeben wurde und sie ein Stück weit ohne Eingreifen der Lehrenden eigene Wege ausgetestet haben, und wenn zugleich eine Orientierung an einer Musterlösung nicht möglich ist, da es eine solche nicht gibt, dann ist ein umfassendes und – zumindest teilweise – (gruppen)individuelles Feedback notwendig. Dieses Feedback soll das Lernen aus richtigen ebenso wie aus falschen Entscheidungen fördern oder erst möglich machen. Es soll aber auch die Unsicherheit, welche in diesem Konzept bei den Studierenden an unterschiedlichen Stellen auftreten kann, auffangen und durch Würdigung des Geleisteten in ein Stück mehr Sicherheit umwandeln. Da den Studierenden bei der Bearbeitung der Herausforderung in aller Regel sehr viel Freiraum gewährt wird, sind die eingeschlagenen Lösungswege oft sehr unterschiedlich und individuell. Daher ist auch eine (gruppen)individuelle

---

Die prinzipiellen Feedback-Regeln oder Regeln für gutes Feedback, wie sie etwa in Managementausbildungen enthalten sind, sind nicht Ziel der Ausführungen. Vielmehr geht es darum, wie Feedback sinnvoll in den Lehr- und Lernprozess einer Hochschule eingebettet werden kann.

© Springer Fachmedien Wiesbaden 2016
D. Sternad und F. Buchner, *Lernen durch Herausforderung*, essentials,
DOI 10.1007/978-3-658-14142-4_5

Analyse des Einzel- bzw. Gruppenergebnisses notwendig und ein (gruppen)individuelles Feedback unerlässlich. Feedback bildet im LdH in dieser Weise eine Art Antwort der Lehrenden auf die Handlungen der Studierenden, die wiederum eine Art Antwort auf die von den Lehrenden gestellte Herausforderung darstellen – und ist damit Teil eines die gesamte Veranstaltung übergreifenden Dialoges.

An dieser Stelle sei ein Blick in die Ausführungen von zwei Autoren eingeschoben, die sich intensiv mit dem Thema Feedback auseinandergesetzt haben und mit ihren Ausführungen sehr hilfreiche Anregungen für die Umsetzung des LdH-Konzepts geben: **Hattie** versteht unter Feedback „eine Information [...], die von einem Akteur (z. B. Lehrperson, Peer, Buch, Eltern, oder die eigene Erfahrung) über Aspekte der eigenen Leistung oder des eigenen Verstehens gegeben wird" (Hattie 2013, S. 206). Schon in der Einleitung seines Buches „Lernen sichtbar machen" bezeichnet Hattie die Bedeutung von Feedback als eines der Hauptergebnisse seiner umfangreichen Metastudie über die wichtigsten Einflussfaktoren auf den Lernerfolg. Dabei weist Hattie gleichzeitig darauf hin, dass ein einfaches Rezept „Gib mehr Feedback" nicht funktioniert.

Hattie und Timperley (2007) entwerfen ein komplexes Feedbackmodell. Sie gehen dabei von vier Feedbackebenen aus, der Sachebene (inhaltliches Feedback über die Leistung der Studierenden), der Prozessebene (Feedback über die Art und Weise, wie die Leistung zustande kam), der Ebene der Selbstregulierung (z. B. die Frage, wie Studierende ihre Leistung selbst einschätzen), und schließlich die persönliche Ebene jeder/s einzelnen Studierenden (beispielsweise ein einfaches „gut gemacht!" ohne nähere Erläuterung). Aus systematischen Gründen ist es sinnvoll, vorab zu überlegen, inwieweit welche der vorgestellten Ebenen betroffen ist und im Feedback berücksichtigt werden sollte. Bei komplexen Herausforderungen sind in der Regel zumindest die ersten beiden Ebenen von Bedeutung, eine Berücksichtigung der dritten Ebene sollte wenn möglich auch erwogen werden. Die beschriebenen Ebenen werden je nach Herausforderung und je nach Ausrichtung der Veranstaltung unterschiedliches Gewicht haben. Parallel zu den vier Ebenen stehen die folgenden drei allgemeinen Fragen zentral im Konzept von Hattie und Timperley: „Wohin bin ich unterwegs?", „Welche Fortschritte habe ich auf meinem Weg gemacht?" und „Was sind die nächsten notwendigen Schritte?". Diese Fragen helfen insbesondere bei der Einordnung der erbrachten Leistungen und ihrer Bewertung in den Gesamtzusammenhang des Studiums aber auch im Hinblick auf mögliche berufliche Perspektiven.

In seinen Ausführungen zu „formative assessment", worunter sowohl das Feedback von Lehrenden an Studierende als auch eine entsprechende Selbsteinschätzung der Arbeiten durch die Studierenden zusammenfasst werden, geht **Sadler** (1989) einen Schritt weiter. Er entwickelt in seinem Konzept drei

Bedingungen, die notwendig sind für ein wirkungsvolles Feedback und damit für ein erfolgreiches Lernen. Übertragen auf das Lernen durch Herausforderung sehen diese Bedingungen folgendermaßen aus: Studierende müssen bei der Bearbeitung einer Herausforderung eine Vorstellung davon haben, was den Standard oder die Qualität eines Ergebnisses ausmacht, auf das Sie hinarbeiten. Sie müssen die Fähigkeit haben, den jeweils aktuellen Stand ihrer Arbeit mit diesem Standard zu vergleichen und sie müssen über Mittel und Wege verfügen, die Lücke zwischen beiden zu verringern. Das ist zum Teil nicht ganz so einfach, wie es auf den ersten Blick aussieht: die Lehrenden haben zwar implizit eine Vorstellung von Standards und Qualität, oft allerdings ohne dies auf einfache Weise explizit machen zu können. Sadler spricht von „in-the-head standards", die zwar in den Köpfen der Lehrenden so vorhanden sind, dass sie ganz klar gute und schlechte Qualität der Leistungen entsprechend bewerten können. Eine einfache und eindeutige Beschreibung der Erwartungshaltung ist aber schwierig. So ist es etwa für einen erfahrenen Gesundheitsökonomen nicht schwierig, ein Gesundheitssystem mit seiner Organisation und seinen Regulierungsmechanismen zu beurteilen. Die Erwartungshaltung explizit zu Papier zu bringen, ist dagegen nicht so einfach.

Sadler zielt in seinen Ausführungen auf einen Übergang von einem Lehrenden-Studierenden-Feedback zu einem **autonomen Lernen der Studierenden** durch Selbsteinschätzung ab – eine Überlegung, die auch dem Konzept des LdH zugrunde liegt.

Das Herausfordernde am Feedback für die Lehrenden in diesem Konzept ist, dass es keine explizite Musterlösung gibt, die es zu erreichen gilt. Damit kann die Lücke zwischen eigenem Ergebnis und einer Musterlösung von den Studierenden nicht selbstständig als Feedback wahrgenommen werden und es kann sich auch nicht automatisch aus dieser Lücke die Anleitung für eine Verbesserung im Vorgehen der Studierenden ergeben. Von den Studierenden wird eigenständiges, kreatives Denken erwartet und dieses wird von den Lehrenden beurteilt. Es geht also nicht um ein einfaches Feststellen von richtig oder falsch, ein automatisiertes Feedback funktioniert im LdH-Konzept nicht. Es geht vielmehr um eine komplexe Einschätzung der Qualität von Leistungen, die in der Regel auf der Grundlage einer Reihe unterschiedlicher Kriterien erfolgt, gleichzeitig aber auch die Arbeit als Ganzes in die Bewertung mit einfließen lässt. Für ein entsprechendes Feedback sind Expertise und Wissen in Breite und Tiefe sowie entsprechende Praxiserfahrung der Lehrenden als Fachexperten gefordert. Analyse des Geleisteten und Vorbereitung des Feedbacks sind mit einem nicht unerheblichen Aufwand für die Lehrenden verbunden. Wie genau das Feedback gestaltet wird, ist auf die jeweilige Herausforderung anzupassen. Es sollte aber vom Konzept her gut geplant und strukturiert sowie inhaltlich anhand der Leistungen der Studierenden spezifisch aufbereitet sein. Hinter einem solchen spezifisch aufbereiteten Feedback steckt meistens ein nicht zu unterschätzender Arbeitsaufwand für die Lehrenden. Es ist in aller Regel eine intensive Auseinandersetzung mit den Leistungen der Studierenden notwendig, um ein (gruppen)individuelles Feedback, das dem Engagement der Studierenden gerecht wird, geben zu können.

Nach einigen eher theoretischen Überlegungen folgen noch einige Anmerkungen zur **praktischen Umsetzung des Feedbacks**.

Die **Notengebung** ist Teil des Feedbacks und ist in den allermeisten Fällen auch aus Gründen der Zertifizierung notwendig, wird aber ohne weitere Rückmeldung einem dialogischen Entwicklungsansatz in keiner Weise gerecht *(s. o.)*. Zwar trägt die Benotung einer Veranstaltung in aller Regel zur Motivation für die Studierenden bei, eine möglichst gute Leistung zu erbringen, gleichzeitig kann es im vorliegenden Konzept wichtig sein, die Bedeutung der Noten insbesondere im Zusammenhang mit dem Feedback in den Hintergrund zu stellen, da Benotung eine Tendenz hat, die Aufmerksamkeit bzw. Konzentration der Studierenden von den Lernmöglichkeiten durch Feedback abzuziehen (Sadler 1989). Im Vordergrund des LdH steht, mit komplexen Aufgaben – im Speziellen vor dem gegebenen Hintergrund oder im Allgemeinen – umgehen zu lernen, adäquate Antworten zu entwickeln und diese entsprechend anwenden zu können. Um den Studierenden auf der Grundlage der von ihnen erbrachten Leistungen möglichst viel Entwicklungspotenzial aufzuzeigen und möglichst umfassend Verbesserungen in Ihren Leistungen zu ermöglichen, sollte das spezifische Feedback gegenüber der Notengebung deutlich im Vordergrund stehen.

Charakteristisch für den vorgestellten Ansatz ist oft **sequenzielles Arbeiten** von Studierenden und Lehrenden, indem die Studierenden Herausforderungen ohne Intervention der Lehrenden bearbeiten und anschließend die Lehrenden die erbrachten Leistungen zunächst ohne die Studierenden analysieren, bevor in gemeinsamen Feedback-Einheiten wieder eine Interaktion stattfindet. Zeitersparnis, die eine selbstständige Bearbeitung der Herausforderung durch die Studierenden für Lehrende möglicherweise verspricht, wird in aller Regel durch die Analyse und das Feedback auf Einzel(gruppen)ebene mehr als aufgehoben. Für Vorbereitung und Durchführung von Feedback sollte von vornherein **ausreichend Zeit** eingeplant werden. Das Feedback sollte nicht in einer Atmosphäre des Zeitdrucks gegeben werden.

Eine wichtige Frage ist die nach dem richtigen **Zeitpunkt** für Feedback. Aus unserer Erfahrung hängt die Antwort von einer Reihe von Faktoren ab. In den grundlegenden Veranstaltungen zu Beginn des Studiums, wenn Grundlagen des Wissens geschaffen werden sollen, erscheint es sinnvoll, das Feedback unmittelbar nach der Antwort, dem Test oder der Aktivität zu geben. In der Regel gibt es dann auch richtige und falsche Antworten. Bei Projekten, die auf einem höheren Niveau an Wissen und Erfahrung aufbauen, die oft auch mit längeren Phasen ohne Intervention der Lehrenden verbunden sind und in denen sowohl Kompetenzen als auch inhaltliches Wissen eine wichtige Rolle spielen (in diese Kategorie fallen die LdH-Konzepte), ist umfassenderes Feedback konzentriert auf einzelne entscheidende Zeitpunkte des Projektes oder komprimiert am Ende des Gesamtprojektes sinnvoll.

Neben dem Feedback der Lehrenden an die Studierenden, das im vorliegenden Ansatz eine zentrale Stellung einnimmt, gibt es drei weitere mögliche **Feedback-Konstellationen:**

- Feedback von Studierenden an Studierende;
- Feedback von Lehrenden an Lehrende;
- Feedback von Studierenden an Lehrende.

Wo immer es sich anbietet, sollten entsprechende Feedbackmöglichkeiten genutzt werden. So wird bei der „OECD-Konferenz" (siehe Abschn. 7.1) studierendeninternes Feedback in Form von Reviews eingebaut, die sich Forschungsteams untereinander geben. In den Verhandlungen zwischen den Akteuren in „Noricum" (siehe Abschn. 7.3) ergibt sich ein Feedback unmittelbar in Form der Verhandlungsergebnisse. Bei Veranstaltungen mit mehreren Lehrenden sollte in Nachbesprechungen auch Zeit für ein gegenseitiges Feedback der Lehrenden untereinander vorgesehen werden. In den Feedback-Veranstaltungen ist immer auch ausreichend Raum vorgesehen für ein Feedback der Studierenden an die Lehrenden. Das Feedback der Studierenden an die Lehrenden bzw. die Evaluation der Veranstaltung ist aber klar zu unterscheiden von der Reflexion der Studierenden, die im folgenden Abschnitt näher beschrieben wird.

# Reflexion 6

Warum spielt Reflexion im hier vorgestellten Konzept eine so wichtige Rolle? Die Grundidee von Reflexion in unserem Konzept wird durch den Titel eines Buches von Boud et al. (1985) „*Reflection: Turning Experience into Learning* gut wiedergegeben. Erfahrung aus der Bearbeitung der gestellten Herausforderung sowie des entsprechenden Feedbacks werden durch den Prozess der Reflexion systematisiert, eingeordnet und bearbeitet – es wird *gelernt*.

Die Reflexion soll eine Motivation für die Studierenden bilden, die gesamte Veranstaltung noch einmal Revue passieren zu lassen und Erfolg und Scheitern bei der Bearbeitung der Herausforderung, die eigene Herangehensweise und alternative Möglichkeiten, die getestet, verworfen oder gar nicht gesehen wurden, im Lichte des Feedbacks der Lehrenden noch einmal zu überdenken. Ein solches Vorgehen trägt in der Regel zur nachhaltigen Verankerung von Lernergebnissen bei. Die Reflexion soll dem/ der Studierenden eine Gelegenheit geben, darüber nachzudenken, was ihm/ihr die Lehrveranstaltung gebracht hat, möglicherweise auch, wie sie/er gelernt hat, wo noch Potenziale liegen, sowie darüber, was er/sie nicht gelernt hat, aber hätte lernen können oder wollen. Es handelt sich um eine **individuelle Überlegung**, also keine Gruppenarbeit. Reflexion sollte daher durch jeden einzelnen Studierenden unabhängig erfolgen, und zwar ohne Einfluss von außen, also insbesondere nicht durch Lehrende oder Mitstudierende. Daher scheint uns eine schriftliche Zusammenfassung der Gedanken auf einer halben bis ganzen Seite (je nach Komplexität der Aufgabe und Umfang des Feedbacks auch länger) ein sinnvoller pragmatischer Ansatz zu sein.

Die Reflexion kann auch als ein Schritt hin zu einem selbstständigen und eigenverantwortlichen Lernen gesehen – und gestaltet werden. Wenn Reflexion Erfahrung in Lernen umwandelt, ist dazu nicht notwendigerweise ein/e Lehrende/r notwendig. Die Reflexionsphase im Konzept des LdH bietet die Gelegenheit, einen solchen Weg des Lernens aufzuzeigen und Studierende hinzuführen, selbstständig aus eigener Erfahrung durch Reflexion zu lernen.

© Springer Fachmedien Wiesbaden 2016        23
D. Sternad und F. Buchner, *Lernen durch Herausforderung*, essentials,
DOI 10.1007/978-3-658-14142-4_6

Im Folgenden fassen wir einige Anregungen zur konkreten Umsetzung zusammen: Es kann hilfreich sein, den Studierenden einige Leitfragen mitzugeben (Anregungen dazu finden sich z. B. bei Bourner 2003, S. 270). Es ist aber auch möglich, die Studierenden aufzufordern, einfach über ihre Erfahrungen und Fortschritte zu reflektieren. Welchen Weg man wählt, sollte auch von der Reflexionsfähigkeit der Studierenden abhängig gemacht werden. Die Reflexion sollte möglichst **„zeitnah"** erfolgen. Dies ist wichtig, um eine authentische Reflexion zu erhalten, die nicht anhand von Unterlagen, Lehrmaterialien oder in Zusammenarbeit mit Kommilitonen „konstruiert" wird (was sich nicht immer verhindern lässt). Eine Erklärung von Sinn und Zweck der Reflexion führt unserer Erfahrung nach in aller Regel zu einem sinnvollen Umgang mit diesem Instrument. Die Reflexion ist Teil der Lehrveranstaltung, also **verpflichtend,** sollte aber **nicht Teil der Bewertung** sein, um nicht unter den Einfluss einer sozialen Erwünschtheit zu kommen. Auf die Reflexion hin erfolgt keine Rückmeldung der Lehrenden an die Studierenden mehr. Den Studierenden soll klar sein, dass sie die Reflexion aus didaktischen Gründen zu ihrem eigenen Nutzen schreiben. Dazu kann es hilfreich sein, den Studierenden zu erklären, dass die Reflexionen von den Lehrenden nur stichprobenweise gelesen werden.

In der **Abgrenzung zur Evaluation** sollen die Studierenden bei der Reflexion nicht den Lehrenden eine Rückmeldung darüber geben, wie gut sie die Lehrveranstaltung bewerten. Es geht vielmehr darum, dass sich die Studierenden überlegen, was sie in der Veranstaltung gelernt und verstanden haben – beziehungsweise, was die Studierenden meinen, gelernt und verstanden zu haben. In diesem Sinne passt Reflexion gut mit John Hatties Konzept „Lernen sichtbar machen" zusammen: Die Lehrenden bekommen einen Eindruck von dem, was die Studierenden gelernt haben – oder meinen, gelernt zu haben. Dieses Feedback ist aber keinesfalls originärer Zweck der Reflexion. Die Reflexion wird nicht für den/die Lehrende/n geschrieben, sondern ist ein didaktisches Element für den/die Studierende/n. Den Studierenden muss klar sein, dass eine Rückmeldung, also Lob oder Kritik bezüglich der Veranstaltung, in die Evaluation gehört und nicht in die Reflexion. Der Unterschied zwischen Reflexion und Evaluation sei an einem Beispiel erläutert: Gehen wir von einer „katastrophalen" Lehrveranstaltung aus, in welcher es dem Lehrenden weder gelingt, den Studierenden den Stoff inhaltlich richtig noch didaktisch überzeugend zu vermitteln. Wenn nun einige Studierende aufgrund der mangelhaften Stoffvermittlung und in Vorahnung einer schwierigen Abschlussklausur in Eigeninitiative den Stoff erarbeiten und sogar Freude dabei entwickeln, selbstständig die komplexeren Elemente zu verstehen, so werden diese Studierenden sich mit Recht in der Evaluation über die Lehrveranstaltung beschweren und eine schlechte Rückmeldung geben, während sie in einer Reflexion feststellen, dass sie eine Menge gelernt haben, und zwar sowohl inhaltlich als auch bei der Methode der Wissensaneignung (und so kann paradoxerweise schlechte Lehre manchmal zu guten Lernergebnissen führen – und das Konzept „Lernen durch Herausforderung" macht sich dieses Paradoxon in gewisser Weise zu eigen, indem es Situationen schafft, in denen die Studierenden – in der Regel konfrontiert mit ungewohnt viel Freiheit – irgendwann selbstständig und ohne Anleitung die Herausforderung „anpacken" müssen).

Reflexion kann also einerseits ein Versuch sein, sicherzustellen, dass sich Studierende mit dem gegebenen Feedback beschäftigen (und das Feedback damit effektiv zu machen). Andererseits kann Reflexion ganz im Sinne von Hattie *sichtbar* machen, was gelernt wurde beziehungsweise was vom Feedback angekommen ist. Beide Funktionen von Reflexion sollten genutzt werden.

Im Folgenden werden drei Beispiele für die Umsetzung des herausforderungsbasierten Lernkonzeptes aus der Lehrpraxis der Autoren in den Bereichen Internationales Management und Gesundheitsökonomie vorgestellt. Beim ersten Beispiel, den „Feldkirchner OECD-Konferenzen", handelt es sich um einen Ansatz des **forschenden Lernens** (siehe Abschn. 7.1), beim zweiten Beispiel, der „24-Stunden-Challenge", um eine **Entscheidungs-Fallstudie** (siehe Abschn. 7.2), und beim dritten Beispiel, dem Rollen- und Planspiel „Noricum", um eine Art **Simulation** (siehe Abschn. 7.3).

## 7.1 Praxisbeispiel „Feldkirchner OECD-Konferenzen"

Ziel dieses Konzeptes ist es, den Studierenden Forschung erlebbar zu machen. Dazu werden die Studierenden zu einer Forschungskonferenz eingeladen. Sie organisieren sich in Forschungsteams und entwickeln eigene Forschungsfragen, die während des Semesters auf der Grundlage der OECD-Gesundheitsdaten in Form eines Forschungspapiers beantwortet werden. Das im Rahmen der Lehrveranstaltung in den Studierenden-Forschungsteams entwickelte Paper durchläuft einen Review-Prozess und wird auf der Konferenz präsentiert und diskutiert. Ausführliche gruppenindividuelle Feedbackgespräche in den Tagen nach der Konferenz runden die Veranstaltung ab.[1]

Hauptziel ist es, „Forschungsalltag" mit all seinen Freiheiten und Unsicherheiten erlebbar zu machen und eine Möglichkeit zu schaffen, Gelerntes sowohl auf der Inhaltsebene als auch auf der Methodenebene sehr selbstständig anzuwenden.

---

[1]Das Konzept ist in Buchner und Penz (2010) im Detail beschrieben, eine kurze Zusammenfassung findet sich unter Buchner (2015).

© Springer Fachmedien Wiesbaden 2016     27
D. Sternad und F. Buchner, *Lernen durch Herausforderung, essentials*,
DOI 10.1007/978-3-658-14142-4_7

Zwischen der Einladung zur Konferenz und der eigentlichen Konferenz arbeiten die Studierenden selbstständig. Es wird ganz bewusst auf Interventionen durch die Lehrenden verzichtet, um Chancen und Risiken dieser für eine Lehrveranstaltung unüblichen, in der Forschung aber durchaus realistischen Freiheit für die Studierenden erfahrbar zu machen. Dieses „Erfahrbarmachen" ist uns auch bei der Veranstaltung der Konferenz ein wichtiges Anliegen. So wird die Konferenz im gesamten Hochschulgebäude intensiv plakatiert, es gibt einen offiziellen Konferenzablauf, Abstract-Bändchen werden gedruckt und liegen bereit. Meist sind Studierende, die bereits ein Auslandssemester begonnen haben, via Videokonferenz zugeschaltet, Referenten und Diskutanten müssen daher ein Mikrofon benutzen, was zusätzlich ungewohnt ist. Am Ende der Konferenz wird ein Publikumspreis für den besten Vortrag verliehen.

Mit der Veranstaltung soll ein ganzes Bündel von **Kompetenzen** sehr unterschiedlicher Dimensionen vermittelt werden: Kennenlernen der international häufig verwendeten OECD-Gesundheitsdaten, Einsichten in Möglichkeiten und Grenzen dieser Datenbank zum internationalen Vergleich, Umgang mit aggregierten Daten, Vertrautwerden mit ökonomischen, sozialen sowie gesundheitsrelevanten Kennzahlen internationaler Gesundheitssysteme, ein „Gefühl" für die Größenordnungen sowie deren Unterschiede im internationalen Vergleich entwickeln. Die Studierenden üben sich in der Auswahl von quantitativen Methoden, in deren Anwendung sowie in der Darstellung von Ergebnissen quantitativer Methoden. Die Studierenden lernen zudem, sich wissenschaftlich auszudrücken, einen wissenschaftlichen Text zu verfassen und sich kurz zu fassen (es gibt eine Beschränkung der Seitenzahl für das Forschungspapier). Dabei lernen die Studierenden die übliche Gliederung wissenschaftlicher Texte anzuwenden. Beim Verfassen der Reviews wird der analytische Umgang mit Forschungstexten, der kritische Umgang mit Forschungsergebnissen sowie die Fähigkeit, konstruktives Feedback zu geben, geschult. (Da die Studierenden mit dieser Art des Feedbackgebens durchaus Schwierigkeiten haben, wurde eine Anleitung für die Verfassung eines Reviews entwickelt.) Während der Abschlusskonferenz üben die Studierenden das Vortragen der Ergebnisse einer wissenschaftlichen Arbeit in einem knappen Zeitrahmen, das Verteidigen der eigenen Arbeit in einer Diskussion sowie das aktive Fragen und Beitragen zu einer mit wissenschaftlichen Argumenten geführten Diskussion aus dem Plenum heraus. Insgesamt ist es ein sehr umfangreicher Zielekatalog. Dieser lässt sich aber auf ganz natürliche Weise in der Veranstaltung umsetzen und bildet zudem eine gute Grundlage für die Erstellung von Bachelor- oder Masterarbeiten, was ein weiteres, übergeordnetes Ziel darstellt.

Die **Herausforderung** für die Studierenden besteht in diesem Projekt darin, sich im Kontext der Entwicklung eines Forschungsprojektes zurechtzufinden. Viele der einzelnen Elemente sind den Studierenden bekannt, wie etwa unterschiedliche statistische Verfahren, die angewendet werden können, Fragestellungen aus Public Health, Gesundheitsökonomie oder Epidemiologie sowie Präsentationstechniken für die Präsentation auf der Konferenz. Die eigenständige Anwendung und Zusammensetzung in einem umfangreicheren Projekt stellt aber eine echte Herausforderung dar. Eine zusätzliche Herausforderung für die meisten Studierenden entsteht dadurch, dass die gesamte Veranstaltung in englischer Sprache durchgeführt wird.

Das **Handeln** besteht zunächst einmal darin, sich als Team bei der Fülle an Möglichkeiten für ein Thema bzw. eine Forschungsfrage zu entscheiden. Die Beschreibung des Konzeptes oben zeigt, dass eine ganze Reihe von Zwischenschritten selbstständig im Team zu bearbeiten sind. Die Studierenden bekommen dazu am Beginn der Veranstaltung einen genauen Zeitplan samt aller Deadlines für das gesamte Semester.

**Feedback** erhalten die Studierenden auf zwei recht unterschiedliche Arten: zum einen in Form der Reviews durch andere Forschungsgruppen, zum anderen in Form ausführlicher gruppenindividueller Feedbackgespräche durch die Lehrenden. Feedbackelemente ergeben sich auch in der Diskussion der Beiträge auf der Konferenz. Die Studierenden haben während der Feedbackgespräche auch Gelegenheit, den Lehrenden ein Feedback zur Lehrveranstaltung zu geben.

Die **Reflexion** erfolgt in schriftlicher Form bis ein oder zwei Tage nach dem Feedback.

## 7.2     Praxisbeispiel „24-Stunden-Challenge"

Die „24-Stunden-Challenge" findet im Rahmen eines Wirtschafts-Masterstudiengangs mit Schwerpunkt Internationales Management statt (Sternad 2015b). Gruppen von jeweils 5–7 Studierenden bekommen dabei die Aufgabe, ein Unternehmen bei einem Internationalisierungsschritt in einen neuen Auslandsmarkt zu unterstützen. Es handelt sich dabei um eine **reale Herausforderung**, die von einem Unternehmen zur Verfügung gestellt wird und unter Zeitdruck bewältigt werden muss.

Folgende **Teilaufgaben** sind von den Studierenden innerhalb eines Zeitrahmens von 18–24 h zu bewältigen:

1. Zunächst ist eine Situationsanalyse zu erarbeiten, die sich aus einer Zielmarktanalyse und einer Unternehmensanalyse zusammensetzt.
2. Darauf aufbauend ist ein Vorschlag für eine Markteintrittsstrategie in den Zielmarkt zu entwickeln.

3. Basierend auf dieser grundlegenden Strategie sind ein detaillierter Aktionsplan sowie ein mehrjähriges Budget für die Strategieumsetzung vorzulegen.

Die Studierenden beginnen am ersten Veranstaltungstag am Vormittag bzw. um die Mittagszeit mit der Arbeit an dieser Herausforderung. Am Nachmittag und am Abend werden sie von Lehrenden besucht, um laufendes Feedback über ihre bisherige Ideen und Leistungen zu bekommen. Dabei wird besonderes Augenmerk auf kritisches Feedback gelegt, um den Studierendenteams die Möglichkeit (und weitere Herausforderung) zu bieten, mit solchem konstruktiv in der Gruppe umzugehen.

Am Morgen des zweiten Veranstaltungstages ist von allen Gruppen zur gleichen Zeit eine Präsentation der Ergebnisse ihrer Arbeit abzugeben. Danach folgt eine Gruppe nach der anderen mit der Vorstellung ihrer Analyse und Strategien vor einem Expertenpanel, das aus Lehrenden und Unternehmensvertreter/innen besteht. Dabei wird jeweils 15 min präsentiert, gefolgt von einer 10-minütigen Fragerunde. Nach einer kurzen Beratung des Expertenpanels bekommen die Studierenden ausführliches Feedback über ihre Leistung.

Neben den bereits ausführlich beschriebenen Vorteilen des herausforderungsbasierten Lernens bekommen Studierende in der „24-Stunden-Challenge" auch die Möglichkeit, Vorwissen aus vorangegangenen Lehrveranstaltungen (im konkreten Fall zum Beispiel aus den Bereichen Internationales Management, Finanz- und Rechnungswesen, Strategisches Marketing oder Organisations- und Managementlehre) interdisziplinär und integriert anzuwenden.

Die **Herausforderung** für die Studierenden besteht darin, unter Zeitdruck eine Praxisaufgabe zu bearbeiten, für die es weder vorliegende Informationen (diese müssen von den Studierendenteams selbstständig erhoben werden, z. B. über das Internet oder über Telefongespräche mit Expert/innen) noch vorgegebene Lösungswege gibt. Durch eine möglichst diverse Zusammensetzung der Studierendenteams (jeweils aus verschiedenen Nationen) wird die „24-Stunden-Challenge" für die Studierenden zudem zu einer Herausforderung im Bereich der interkulturellen Kommunikation.

Das **Handeln** umfasst die Recherche und Analyse von Informationen über Auslandsmärkte sowie die gemeinsame Entwicklung von Marktbearbeitungsstrategien und Umsetzungsplänen im Team. Neben dem fachlichen Handeln lernen Studierende während der Bearbeitung der Herausforderung aber auch, mit Konflikten umzugehen, die durch kritische Rückmeldungen der Lehrenden während der „24-Stunden-Challenge" entstehen können.

**Feedback** bekommen die Studierenden sowohl während der Bearbeitung der Herausforderung (durch die Lehrenden) als auch nach der Abschlusspräsentation und Fragerunde (durch Lehrende und Unternehmensvertreter/innen). Im abschließenden Feedback wird insbesondere auf folgende Leistungselemente Bezug genommen: Logische Argumentationskette, Tiefe der Analyse (auf Daten und Fakten basierend), Umsetzbarkeit der Strategien, Qualität der Antworten bei der Fragerunde nach der Präsentation, Qualität der Präsentationsunterlagen, Professionalität der Präsentation und einheitlicher Auftritt der Gruppe. Lehrende können auch über Beobachtungen, die sie während des Betreuungsprozesses gemacht haben (z. B. hinsichtlich der Gruppendynamik) Rückmeldungen geben. Ergänzend können die einzelnen Teilnehmer/innen an der „24-Stunden-Challenge" auch noch ein anonymisiertes Kurzfeedback über ihren Beitrag zur Teamleistung durch die anderen Mitglieder ihrer jeweiligen Gruppe bekommen.

Die **Reflexion** erfolgt in zwei Schritten: Studierende erhalten gleich im Anschluss an das abschließende Feedback die Möglichkeit, mit dem Expertenpanel und ihren Kolleg/innen im Team ihre wichtigsten Lernerfahrungen während der „24-Stunden-Challenge" zu teilen. Der zweite Schritt erfolgt im Rahmen einer schriftlichen Reflexionsaufgabe, bei der sich die Studierenden das während der Bearbeitung der Herausforderung sowie durch den Feedbackprozess Gelernte auf 2–3 Seiten noch einmal bewusst machen und auch mit eigenen Vorerfahrungen in Verbindung bringen sollen.

## 7.3   Praxisbeispiel „Noricum"

„Noricum" ist ein strategisches Rollenspiel, bei dem Studierende ein neues Gesundheitssystem für ein Fantasieland entwickeln. Die Idee dieses Konzeptes ist es, die Dynamik eines Gesundheitssystems in den Hörsaal zu bringen: der Dauerstreit zwischen mächtigen Interessensgruppen im Gesundheitssystem soll für die Studierenden unmittelbar erfahrbar gemacht werden. Ziel in diesem Rollenspiel ist es, ein tragbares Gesundheitssystem für das Land Noricum zu entwickeln und je nach Akteursgruppe die Partikularinteressen in diesem System berücksichtigt zu sehen.

**Vom Kosovo nach Noricum – Der Weg zum Lehrkonzept**
Die Geburtsstunde von „Noricum" liegt irgendwann im Januar/Februar des Jahres 2000 – wie in der Einleitung zu diesem *essential* beschrieben. Aus diesem Projekt für die WHO ist dann irgendwann die Idee entstanden, dass Studierende nicht nur ein Zuzahlungssystem entwickeln könnten, sondern gleich ein ganzes Gesundheitssystem, und zwar in einem

Rollenspiel über ein ganzes Semester hinweg. Das Rollenspiel würde bilaterale oder multilaterale Verhandlungen sowie die Gesetzgebung und das Schließen von Verträgen beinhalten – also das Kosovoprojekt „in ganz Groß", aber in Form eines Spiels, also „ganz ohne Risiko". Nein, nicht ganz ohne Risiko – Scheitern kann man auch im Spiel, und das ist wichtig, auch oder gerade im Spiel.

Auch der Weg vom Projekt zum Lehrkonzept und dann zur realen Durchführung mit Studierenden war eine echte Herausforderung: Ich (Florian Buchner) hielt die Idee zwar für gut, aber für viel zu komplex und nicht realisierbar. Mein Kollege Ulrich Frick war begeistert und hat mich schließlich von der Machbarkeit überzeugt. Was wir beide nicht ahnten, war der Aufwand, der notwendig war bis zur ersten Durchführung, die unzähligen Diskussionen, die geführt werden mussten, die Ideen, die an Zwischenstufen verworfen werden würden – bis dann das Lehrkonzept endlich stand: „Entwicklung eines Gesundheitssystems", später „Noricum", benannt nach einem keltischen Königreich zu Zeiten der Römer, das unter anderem das Gebiet des heutigen Kärnten und damit die Heimat der meisten unserer Studierenden umfasste.

Warum berichten wir das in dieser Ausführlichkeit? Weil es klar machen soll, dass es ganz normal ist, dass hinter der Entwicklung eines solchen Konzeptes viel Aufwand, viel Diskussionsbedarf, viel Zeit und viel Energie steckt. Es soll auch zeigen, dass es bei einer solchen Entwicklung in aller Regel keinen „Standardweg" gibt, dass Durchhaltevermögen gefragt ist – am Ende aber viel Freude an einem eigenen Projekt stehen kann, vor allem dann, wenn es von den Studierenden begeistert aufgenommen wird.

Dieses Rollenspiel ist in drei Phasen unterteilt: die Einarbeitungsphase, die Verhandlungsphase sowie die Feedback- und Reflexionsphase. Das entspricht in etwa den Phasen von „Briefing", „Simulation" und „Debriefing" in den Ausführungen von Capaul und Ulrich (2010).

In der **Einarbeitungsphase** erhalten die Studierenden zunächst eine Beschreibung des Landes mit Informationen über dessen wirtschaftliche Lage, die Infrastruktur des Gesundheitssystems sowie allgemeine geografische sowie demografische Informationen. Die Studierenden organisieren sich in Kleingruppen und wählen eine der vorgegebenen Akteursgruppen aus, deren Rolle sie in den folgenden Wochen in Noricum übernehmen werden. Jede Gruppe entwickelt ein Konzept für ihre Akteursgruppe. Die Gruppen diskutieren die allgemeine Lage und legen Ziele und Strategie zur Zielerreichung fest. Auf der Grundlage dieses Konzeptpapiers erhalten die einzelnen Teams eine Art Coaching durch die Lehrenden.

Nachdem die Studierenden noch die Gelegenheit zu einer entsprechenden Überarbeitung ihres Konzeptes hatten (ohne weitere „Überprüfung" durch die Lehrenden) beginnt die **Verhandlungsphase** (6–8 Wochen), in der die einzelnen Gruppen in Verhandlungen Koalitionen bilden, bi- und multilaterale Verträge aushandeln und abschließen sowie Gesetze erlassen. Im Laufe dieser Verhandlungsphase erfolgt keine direkte Einflussnahme oder Intervention durch die Lehrenden. Lediglich ein Pressespiegel mit Pressemeldungen unterschiedlicher Zeitungen (deren politische Ausrichtung bzw. Seriosität unterschiedlich sind und jeweils kurz beschrieben werden) wird von den Lehrenden verfasst, um kleinere Hinweise zu geben, die aber von den Studierenden einerseits je nach Quelle zu interpretieren sind und andererseits nicht notwendigerweise beachtet werden müssen.

Die Veranstaltung wird durch einen **Ein-Tages-Feedback-Workshop** abgeschlossen. Dabei werden der finale Stand des Gesundheitssystems sowie der Verlauf der Verhandlungen während des Prozesses dargestellt. Die Lehrenden geben Feedback zum erreichten Stand des Gesundheitssystems, ob die Regelungen sinnvoll und praxistauglich erscheinen, ob wichtige Teilbereiche eines Gesundheitssystems bei den Regelungen vergessen wurden (und falls ja, welche das sind). Auch zu den Verhandlungen gibt es Rückmeldungen durch die Lehrenden. In einem sogenannten „Blitzlicht" am Ende des Workshops sagt jede/r Studierende noch in ein oder zwei Sätzen, was er/sie im Gesamtprojekt gut und nicht so gut fand. Eine Evaluation erfolgt durch Fragebögen mit unterschiedlichen Schwerpunkten, wie etwa Zusammenarbeit und Verteilung der Arbeitsbelastung unter den Gruppenmitgliedern.[2]

Die **Herausforderung** für die Studierenden ist in diesem Projekt sehr vielschichtig. Zunächst einmal stellt sich für die Studierenden die Frage, wo sie anfangen sollen. Die Ausgangssituation ist in dieser Form weder in einer Lehrveranstaltung behandelt worden noch gehört sie zum normalen Erfahrungsschatz eines Studierenden. Während des Verlaufs treten eine Vielzahl weiterer Probleme auf, die mit fehlendem Wissen in einigen Bereich zusammenhängen können oder mit Verhandlungen, die nicht in der erwarteten Weise verlaufen. Eine besondere Herausforderung stellt auch der Transfer vorhandener Erfahrungen und vorhandenen Wissens auf ein Land dar, in dem sich die Rahmenbedingungen deutlich von denen des Heimatlandes der Studierenden unterscheiden.

---

[2]Das Konzept ist in Buchner (2012) und Buchner und Frick (2011) im Detail beschrieben, eine kurze Zusammenfassung findet sich unter Buchner (2015a).

Das **Handeln** besteht in diesem Konzept einerseits aus der Entwicklung eines Konzeptes und andererseits im Aushandeln der Rahmenbedingungen im neuen Gesundheitssystem. Spätestens in der Verhandlungsphase wirkt der Wettbewerb der einzelnen Akteursgruppen untereinander sehr motivierend; Einsatz und Engagement der Studierenden sind hoch.

**Feedback** erhalten die Studierenden zentral an zwei Stellen des Konzeptes: zum einen in Form des Coachings der einzelnen Akteursgruppen durch die Lehrenden in Bezug auf das entwickelte Konzept (Feedback mit einer prospektiven Ausrichtung), zum anderen ein umfassendes (und mit Spannung erwartetes) Feedback der Lehrenden auf das ausgehandelte System beim Abschluss-Workshop. Ein eher informelles Feedback bilden die Presseberichte der Lehrenden während der Verhandlungstage. Auch Erfolg und Misserfolg bei den Verhandlungen bilden ein effektives direktes Feedback für die Akteursgruppen.

Die **Reflexion** erfolgt in schriftlicher Form am Tag des Feedbackworkshops oder am Folgetag (dazu ist Zeit am Ende des Workshops vorgesehen, dies kann aber auch individuell außerhalb der Veranstaltung erfolgen oder fortgesetzt werden).

> **Beispiel für die Reflexion eines Studierenden (Peter Mautz)**

„Ich muss ehrlich eingestehen, dass die Stimmung in Noricum nicht immer zum Besten stand. Gerade zu Beginn hatte ich den Eindruck, dass niemand wirklich wusste, was da jetzt von ihm oder ihr tatsächlich erwartet wird. Was eine Krankenkasse in etwa macht, wussten wir zwar, aber wie das Konzept letztendlich auszusehen hatte und auf welche unerwarteten Schwierigkeiten wir noch durch unsere Blauäugigkeit stoßen würden, wussten wir noch nicht. Die Aufgabenstellung war schließlich so klar wie unklar: „Das ist das Land, das ist eure Rolle … macht mal.“

Es hat eine Weile gedauert, bis in diesem Vorgabenvakuum die frustrierende Unsicherheit einem Selbstbewusstsein für das, was man macht, gewichen ist. Aber als dieses da war, haben wir munter drauflos „gewerkelt“. Wir wollten aus Noricum den perfekten Staat machen – Platon wäre stolz gewesen. Leider sind wir keine Philosophen und so wurden wir nach der vernichtenden ersten Feedback-Runde auf den Boden der norischen Tatsachen zurückgeholt. Der Höhenflug war offiziell beendet und die Stimmung auf einem neuen Tiefpunkt angelangt. Hätten wir eine Flagge gehabt, hätten wir diese auf Halbmast gesetzt.

Wenigstens wussten wir in etwa, was falsch gelaufen war, und so konnten wir uns nach dem Wunden lecken daran machen, ein realistischeres Konzept zu entwickeln und es uns bewusster machen, in welcher Situation sich der Staat Noricum überhaupt befindet. Ab diesem Punkt lief es eigentlich ganz gut, auch wenn ich leider sagen muss, dass wir uns dann nicht mehr getraut haben, das Rad neu zu erfinden. Das zweite Konzept sollte einfach nur noch funktionieren.

Mein Highlight an dem ganzen Projekt Noricum waren die folgenden Verhandlungsrunden. Es war einfach spannend zu sehen, welche Unterschiede die Körpersprache gemacht hat, die Haltung, wie man die Nervosität oder Unsicherheit des Gegenübers sofort wie einen Hebel für seine Sache nutzen konnte. Wie es Frau X verstand, unser Gegenüber manchmal fast einzuschüchtern und es Frau Y und mir möglich machte, die Verhandlungspartner eigentlich mit fast derselben Idee, nur in schönere Worte gepackt, abzuholen – alles total unbewusst und ungeplant. Hier waren wirklich meine größten Lehren, die ich aus Noricum gezogen habe. Ich werde in zukünftigen Gesprächen und/ oder Verhandlungssituationen auf so viele Kleinigkeiten achten müssen. Vieles davon habe ich schon öfter in der Theorie gehört, aber es in „Aktion" zu sehen, hat sich bei mir viel tiefer eingeprägt. Das war schon eine sehr spannende Erfahrung. Natürlich war es auch interessant, an einem Gesundheitssystem arbeiten zu können, spielerisch, ohne gleich einen Staat zu ruinieren – wann hat man schon mal die Gelegenheit hierzu. Aber die wichtigsten Punkte für mich hatten mehr mit Kommunikation zu tun – ob in den Verhandlungen oder beim geschriebenen Wort. Hier hatte auch der Workshop gestern eine mahnende Wirkung, sich bei der Wahl seiner Worte sicher zu sein und nicht leichtfertig mit gut klingenden Begriffen um sich zu werfen – der Leser könnte schließlich wissen, was sie bedeuten.

Was Noricum für mich bedeutet hat, ist gar nicht so einfach zu beantworten. Auf jeden Fall Frustration, Ärger, Stress und einen großen Zeitaufwand, aber auch Spannung, Interesse, Spaß und ein wenig Stolz. Das Projekt „Unfug" zu nennen wäre viel zu kurzsichtig, auch wenn vergleichbare Worte an so mancher Stelle gefallen sind. Ich bin mir sicher, dass es allen ähnlich geht wie mir, dass jeder sehr viel für sich aus dem Projekt mitgenommen hat, bewusst oder unbewusst. Es war spannend, es war wertvoll und auch wenn der große Wurf ausgeblieben ist und wir die Welt nicht retten konnten, so war es dennoch die Mühe wert. Dankeschön!"

# Einbettung in ein Gesamtkonzept 8

Lehr- und Lernansätze, die für das Lernen der ersten Stufen (also im Grundlagenbereich) gut geeignet sind, sind nicht notwendigerweise in gleicher Weise für das Lehren und Lernen bei fortgeschrittenem Wissensniveau oder Methodenkenntnissen geeignet (Gog et al. 2005). Die Anwendung von Lernen durch Herausforderung ist insbesondere dort sinnvoll, wo schon inhaltliche und methodische Kenntnisse vorausgesetzt werden können, die dann zur Bearbeitung oder Lösung der Herausforderung eingesetzt werden können.

Eine Einbettung des LdH-Konzeptes in einen größeren Zusammenhang, z. B. ein Curriculum oder zumindest ein Modul eines Curriculums, ist daher essenziell. Eine solche Einbettung kann sehr unterschiedlich erfolgen. Für uns ergeben sich drei prinzipiell drei verschiedene Ansätze: 1) Einzelherausforderungen können aufeinander abgestimmt werden, um eine kontinuierliche Weiterentwicklung von Kompetenzen zu ermöglichen, 2) eine Herausforderung wird so in ein Gesamtkonzept eingebunden, dass sie im Curriculum zeitlich auf Veranstaltungen folgt, deren Inhalt in der Bearbeitung der Herausforderung angewendet oder eingeübt werden soll (dazu sollten die vorausgehenden Veranstaltungen auf die für die Bewältigung der Herausforderung relevanten Inhalte oder Methoden soweit notwendig eingehen) oder 3) eine Herausforderung wird an den Beginn eines Lehr- und Lernkomplexes gesetzt, um damit die Sensibilität für Komplexität sowie Problembewusstsein zu wecken.

Ein Beispiel für Ansatz (1) stellt der typische Weg des Erlernens eines Musikinstruments dar. Dabei bearbeitet man zuerst einfache Stücke. Durch Üben (aktives Handeln) erlangt man jene Spielfähigkeit und Sicherheit, die dann zum Meistern schwierigerer Stücke notwendig ist. Ähnliche Beispiele findet man auch im Bereich des Sports. Hochspringer/innen setzen die Latte zunächst niedrig an und werden nach dem Einüben und Perfektionieren ihrer Technik schrittweise immer höhere Hürden überwinden. Beide, Musiker/innen uns Sportler/innen lernen also durch Herausforderungen mit ansteigendem Schwierigkeitsgrad, durch aktives Handeln,

© Springer Fachmedien Wiesbaden 2016
D. Sternad und F. Buchner, *Lernen durch Herausforderung,* essentials,
DOI 10.1007/978-3-658-14142-4_8

durch Feedback, das sie von ihren Trainer/innen bekommen und durch (bewusstes oder unbewusstes) Reflektieren und Korrigieren ihrer Bewegungen. Sie durchlaufen damit unzählige Male den „Challenge-Feedback-Lernkreis", bevor sie es zur Meisterschaft in ihrer Disziplin schaffen. Ein solches Vorgehen entspricht den Überlegungen der aufeinander abgestimmten Einzelherausforderungen beziehungsweise dem Einüben einer speziellen Fähigkeit oder Kompetenz.

Auch wenn es nicht für alle Kenntnisse und Fähigkeiten, die man erwerben kann, so lange dauert, wie die mindestens zehn Jahre, die Menschen üblicherweise brauchen, um Expertin oder Experte in einem umfangreicheren Aufgaben- oder Fachgebiet zu werden (Ericsson et al. 1993), kann es sinnvoll sein die **vier Stufen des „Challenge-Feedback-Lernkreises" mehrmals zu durchlaufen,** um bestimmte Kompetenzen zu festigen.

Ähnlich können auch das Erlernen von umfassenden Kenntnissen und der Erwerb von Fähigkeiten im sozial- und wirtschaftswissenschaftlichen Kontext gesehen werden. Auch diese können schrittweise vertieft werden. Wenn Studierende einfachere Aufgaben bewältigt habe, können sie mit **zunehmend komplexer und schwieriger werdenden Aufgaben** konfrontiert werden (siehe Abb. 8.1). Wenn der Lernkreis durchlaufen wird, bieten Feedback und Reflexion dabei die Möglichkeit, die während der Bewältigung einer Herausforderung gewonnenen Erkenntnisse für die

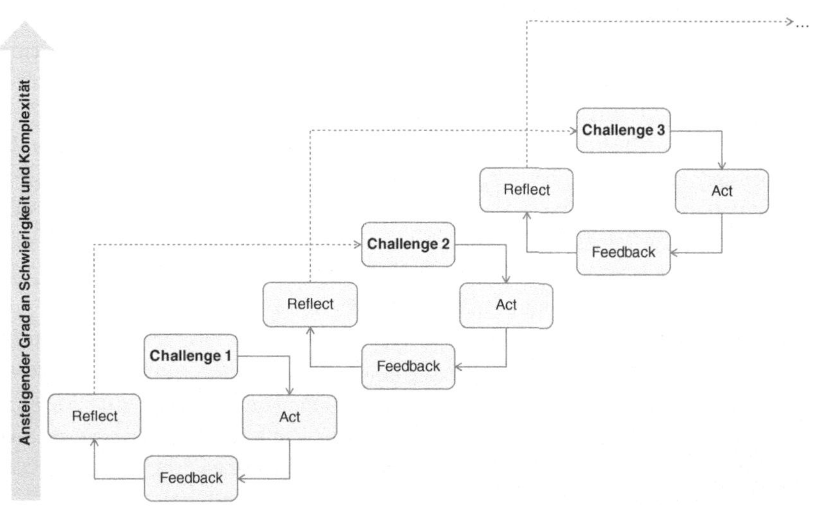


**Abb. 8.1** Steigender Schwierigkeits- und Komplexitätsgrad der Herausforderungen. (Quelle: leicht adaptiert übernommen aus Sternad 2015a; reprinted by permission of the publisher Taylor & Francis Ltd., http://www.tandfonline.com)

Arbeit an neuen Herausforderungen zu nutzen, die wiederum leicht außerhalb des bisherigen Fähigkeitsniveaus liegen, um eine entsprechende Motivationswirkung entfalten zu können. Dies ist vor allem auch deshalb sehr wichtig, weil Studierende die Möglichkeit erhalten sollten, Feedback auch wieder in eine verbesserte Leistung umzusetzen, um dieses auch wirklich (lern-)wirksam zu machen (Boud 2000).

Die „OECD-Konferenz" (siehe Abschn. 7.1) und das Planspiel „Noricum" (siehe Abschn. 7.3) werden so in das Gesundheitsökonomie-Curriculum bzw. in das Gesamtcurriculum im Bachelorstudium „Gesundheitsmanagement" eingebettet, dass die Studierenden zuvor bereits Veranstaltungen zu Gesundheitsökonomie, Statistik und Public Health (für die „OECD-Konferenz") und neben Gesundheitsökonomie eine ganze Reihe von juristischen und betriebswirtschaftlichen Veranstaltungen (für „Noricum") besucht haben. Aufbauend auf diesen Kenntnissen sollen die Studierenden die Herausforderung der beiden beschriebenen Veranstaltungen angehen. Gleichzeitig sind aber in jedem Fall zusätzliche eigene Recherchen der Studierenden notwendig. Dafür steht ein Semesterapparat mit sehr umfangreicher, ausgewählter Literatur zur Verfügung; es kann aber

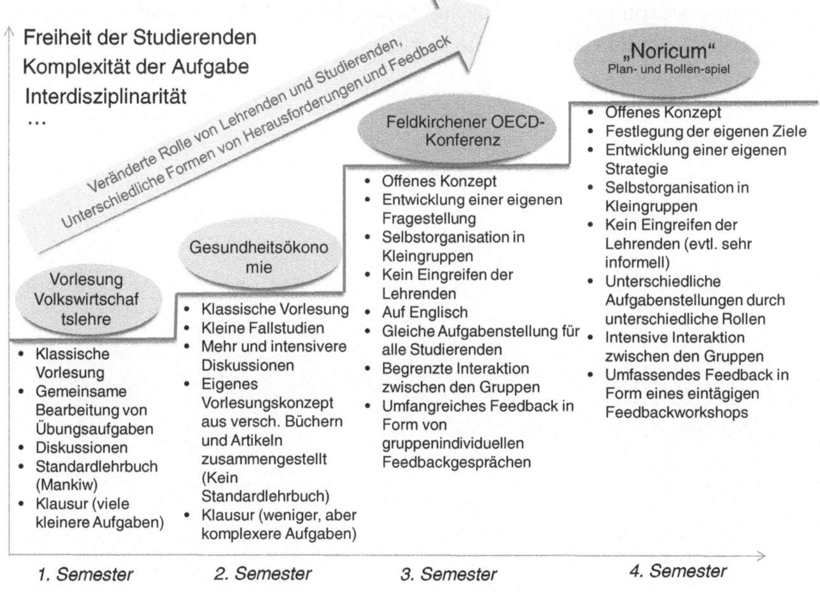


**Abb. 8.2** Einbettung von Noricum und Feldkirchener OECD-Konferenz in ein Gesundheitsökonomie-Curriculum

auch jede andere Quelle genutzt werden. Neben **Schwierigkeit und Komplexität der Herausforderung,** die gegenüber den Aufgaben beispielsweise in Volkswirtschaftslehre und Gesundheitsökonomie deutlich zunimmt, steigt auch der **Freiheitsgrad für die Studierenden** sowie das **Maß an Interdisziplinarität** bei den Lehrveranstaltungen im Laufe der Semester an (siehe Abb. 8.2). Während bei der „OECD-Konferenz" noch die Aufgabe für alle Gruppen die gleiche ist, sind die Aufgaben bei Noricum je nach gewählter Akteursgruppe verschieden. Zusätzlich kann es zu einer Arbeitsteilung zwischen den einzelnen Gruppenmitgliedern kommen sowie zu unterschiedlichen Rollenaufteilungen in den Verhandlungen. Insbesondere Erfahrungen aus der „OECD-Konferenz" können z. B. unmittelbar für das Verfassen der Bachelorarbeiten genutzt werden. Es ist also auch eine Einbettung gegenüber den im Curriculum folgenden Veranstaltungen gegeben.

Zum Abschluss dieses Abschnitts sei noch darauf hingewiesen, dass nicht zu viele solcher Herausforderungen in einem Semester zusammenfallen sollten. Wir empfehlen nicht mehr als zwei oder maximal drei solcher Herausforderungen in einem Semester parallel laufen zu lassen, was natürlich stark von der Art der Herausforderung abhängt. Auch eine Abstimmung mit gegebenenfalls zu schreibenden Bachelor- oder Masterarbeiten – die in gewisser Weise für die Studierenden auch Herausforderungen in der beschriebenen Weise bilden – sollte bei der Einbettung ins Curriculum Berücksichtigung finden.

# Wissenschaftliche Grundlagen des Lernens durch Herausforderung

**9**

Das Lernen durch Herausforderung wird vielen Anforderungen an eine zeitgemäße Didaktik gerecht, die sich durch wissenschaftliche Erkenntnisse aus verschiedenen Forschungsgebieten rund um das Thema Lernen und Lehren ergeben. Wir blicken dazu in den folgenden Abschnitten auf Forschungsergebnisse aus den **Neurowissenschaften** und die Anforderungen an **gehirngerechtes Lernen** (Abschn. 9.1), sowie auf die Grundprinzipien einer **modernen, studierendenzentrierten Didaktik** (Abschn. 9.2) und Erkenntnisse aus der **Motivationsforschung** (Abschn. 9.3).

## 9.1 Erkenntnisse aus der Neurowissenschaft

Wir lernen, indem unser Gehirn neue Stimuli, mit denen es in Kontakt kommt, verarbeitet. Die Gehirnforschung zeigt, dass es für unser Gehirn eigentlich nicht möglich ist, nicht zu lernen, da das Gehirn ständig damit beschäftigt ist, Neuronenverbindungen aufzubauen bzw. zu verändern. Man spricht dabei auch von **Neuroplastizität,** der Fähigkeit einzelner Nervenzellen, ihrer Verbindungen (Synapsen) oder auch ganzer Gehirnregionen, sich physisch an ihre Verwendung durch den „Nutzer" des Gehirns anzupassen. Was und wie das Gehirn lernt, hängt aber stark von der Art der Stimuli ab, die es bekommt, wie auch von der Art und Weise, wie diese Stimuli dargebracht werden.

Man kann sich die Funktion des Gehirns so vorstellen, dass es sich grundsätzlich für (auffällig) Neues interessiert. Gleichzeitig versucht es aber immer auch, Anknüpfungspunkte an bestehendes Wissen zu finden, arbeitet also vernetzt und assoziativ (Braun 2009; Gasser 2012). Es „denkt" dabei vor allem auch „autobiografisch-episodisch", versucht also, neue Informationen mit konkreten eigenen Erfahrungen in Verbindung zu bringen (Herrmann 2009). Zudem ist das Gehirn

© Springer Fachmedien Wiesbaden 2016
D. Sternad und F. Buchner, *Lernen durch Herausforderung,* essentials,
DOI 10.1007/978-3-658-14142-4_9

auf Mustererkennung programmiert, hat also die Fähigkeit, aus konkreten Beispielen Gesetzmäßigkeiten abzuleiten (Gasser 2012).

LdH kommt dieser Funktionsweise unseres Gehirns besonders entgegen. Herausforderungen bilden für die Studierenden auffällig Neues und stellen konkrete Anwendungsbeispiele dar, die als Basis für die induktive Ableitung von Strukturen und Theorien dienen können. Herausforderungen bieten einen **persönlichen Erfahrungskontext,** in dem neues Wissen gut „verankert" werden kann. Das direkte „Durchleben" von Herausforderungen erzeugt persönliche Erfahrungen, die als Anknüpfungspunkte für ein assoziatives Abrufen des Gelernten dienen können. Es wird damit auch ein stärkerer individueller Bezug zum Wissen hergestellt, da das Wissen ja relevant für die Bewältigung einer gerade persönlich erlebten, als herausfordernd oder vielleicht auch schwierig empfundenen Situation geworden ist.

Verstärkt wird dieser Effekt noch, wenn die Herausforderung auch mit positiven oder negativen **Emotionen** verbunden ist, was beim erfolgreichen Bewältigen einer Herausforderung ebenso wie beim Scheitern an einer Herausforderung gegeben ist. Unser Denken (und damit auch das Lernen) wird generell sehr stark von Emotionen bestimmt, sodass Inhalte, die zu einem Zeitpunkt gelernt wurden, bei dem Emotionen eine wichtige Rolle gespielt haben, generell besser verankert und erinnert werden (Brand und Markowitsch 2009). Immordio-Yang und Fischer (2010) bezeichnen Emotionen als das „Ruder, welches das Denken der Lernenden steuert" (S. 12, Übersetzung durch die Autoren). Beim aktiven Arbeiten an herausfordernden Aufgaben entstehen solche Emotionen, beispielsweise wenn man an Grenzen stößt (z. B. Frustration), wenn man Schwierigkeiten bewältigt (z. B. Freude, Erleichterung), vor allem aber wenn im Kontakt mit anderen Menschen negative oder positive soziale Interaktionen auftreten (z. B. Konflikte oder gemeinsame Zielerreichung im Team).

Die wesentliche Rolle von Emotionen beim Lernen steht im Zusammenhang mit der Vorstellung des Gehirns als einem **„sozialen Organ"** (Brand und Markowitsch 2009; Herrmann 2009): Das Gehirn ist auf Kooperation mit anderen Menschen hin ausgerichtet, daher sollten Lernprozesse immer auch in einem Beziehungskontext gesehen werden. LdH wird dieser sozialen Ausrichtung unseres Gehirns besonders gerecht, einerseits durch das gemeinsame Bearbeiten von Herausforderungen mit anderen Studierenden, andererseits durch die direkte interaktive Beziehung zwischen Lehrenden und Studierenden über die Feedbackschleife.

Lernen durch Herausforderung nutzt darüber hinaus auch die chemischen Prozesse in unseren Gehirnen. Die Neurowissenschaft hat festgestellt, dass die **Belohnungssysteme des Gehirns** durch einen bestimmten Botenstoff, dem Neurotransmitter Dopamin, in Gang gesetzt werden können, wenn man in einer

„Explorationsatmosphäre" arbeitet, sich also auf neues Terrain bewegt, auf dem sich gleichzeitig aber auch ein bevorstehender Erfolg antizipieren lässt (Gasser 2012; Herrmann 2009a). Da Herausforderungen per definitionem „neues Terrain" darstellen und die Studierenden das Meistern dieser Herausforderungen meist als Erfolg sehen, kann mit LdH auch diese motivatorische Funktion unseres Gehirns aktiviert werden.

Das Einspeichern von Wissen ins **Langzeitgedächtnis** wird ganz klassisch durch Üben und Wiederholen gestärkt, weil mehrmaliges Nutzen der gleichen Neuronenverbindungen zu deren Stärkung beiträgt (Willis 2010). LdH wird auch in diesem Kontext den Lernmustern unseres Gehirns gerecht: eine Lernsituation wird drei Mal ins Gedächtnis gerufen, einmal durch das eigentliche Handeln während der Bearbeitung der Herausforderung, ein zweites Mal beim Feedback und ein drittes Mal durch die bewusste Reflexion über die Lernerfahrung. Ein guter Feedbackdialog mit den Lehrenden kann zudem dabei helfen, eventuelle Fehlabspeicherungen (also eine mögliche Fehlinterpretation von eigenen Erfahrungen während der Bearbeitung der Herausforderung) zu vermeiden. Das mehrfache Durchdenken der gleichen Lerninhalte in unterschiedlichen Kontexten (während des Handelns, im Feedbackprozess und im Rahmen der Reflexion) hat den weiteren positiven Effekt einer Mehrfachverankerung im Gehirn, die das spätere Erinnern (den Transfer von Inhalten aus dem Langzeitgedächtnis in das Arbeitsgedächtnis) erleichtern kann (Brand und Markowitsch 2009).

## 9.2   Erkenntnisse aus der Lern- und Didaktikforschung

Auch Erkenntnisse im Bereich der Didaktikforschung deuten auf eine positive Wirkung von herausforderungsbasierten Lernansätzen auf den Lernerfolg von Studierenden hin. Zum Beispiel stellten Latham und Brown (2006) in einer Studie unter Studierenden eines MBA-Programms fest, dass konkrete, herausfordernde Lernziele die Selbstwirksamkeitserwartung der Studierenden ebenso erhöhen konnten wie deren Fähigkeit, komplexe Aufgaben zu lösen. Eine andere Studie in den USA stellt einen Zusammenhang zwischen herausfordernden Aufgaben und der Lernmotivation sowie den Lernleistungen der Studierenden her (LePine et al. 2004). Dabei wurde erkannt, dass Herausforderungen zu positiven Stresssituationen führen, die das Lernen fördern, was auch den Abschn. 9.1 dargestellten neurowissenschaftlichen Erkenntnissen entspricht (negativer Stress kann allerdings das Gegenteil bewirken).

Auch Studien aus verschiedenen anderen Fachbereichen zeigen deutliche positive Lerneffekte eines herausforderungsbasierten Lernens, insbesondere hinsichtlich der Integration und Synthese von Konzepten (O'Mahoney et al. 2012), der Lösung besonders schwieriger Fragestellungen (Roselli und Brophy 2006) oder der Stärkung innovativen Denkens (Martin et al. 2007).

Im Rahmen des LdH sind Studierende gefordert, gemeinsam mit anderen Aufgaben aktiv zu bewältigen. Lernen durch aktives Handeln hat sich besonders beim Erlernen von Fähigkeiten (dem sogenannten „prozeduralen Wissen", also dem „Wissen, wie") bewährt, und gehen damit weit über das „klassische" Lernen von Fakten (von „deklarativem Wissen", dem „Wissen, was") hinaus (Michael 2006). Wenn solches aktives Lernen in Zusammenarbeit mit anderen in Gruppen organisiert wird, kommen darüber hinaus die Vorteile des **kollaborativen Lernens** zum Tragen, zum Beispiel eine generell positivere Einstellung zum Lernen, mehr Durchhaltevermögen bei schwierigeren Herausforderungen oder die Möglichkeit, zusätzliche Sozialkompetenzen zu erwerben (Springer et al. 1999). Darüber hinaus wird durch das aktive Handeln neben deklarativem und prozeduralem Wissen auch Anwendungswissen in spezifischen, praxisnahen Kontexten erworben.

Strukturierte Rückmeldungen an die Studierenden in Form von **Feedback** nehmen in der aktuellen Lernforschung einen ganz besonderen Stellenwert ein. In einer der weltweit größten Studien über Einflussgrößen auf den Lernerfolg, der in diesem *essential* schon mehrfach zitierten „Hattie-Studie" (in dieser Studie wurden die Ergebnisse von rund 50.000 Einzelstudien aggregiert ausgewertet) wurde festgestellt, dass Feedback in Form von ganz konkreten Rückmeldungen zum Lernfortschritt (nicht nur in Form von Noten) eines der stärksten Instrumente für effektives Lernen darstellt (Hattie 2009). Feedback hilft den Lernenden dabei, festzustellen, ob sie auf dem richtigen Weg zur Erreichung ihrer Lernziele sind bzw. welche Maßnahmen sie setzen könnten, um auf den richtigen Weg zu kommen. „Wir lernen viel schneller und viel wirksamer, wenn wir eine klare Vorstellung davon bekommen, wie gut wir etwas machen und was wir tun müssen, um etwas zu verbessern", fasst Hounsell (2003, S. 67; Übersetzung durch die Autoren) die positive Wirkung von Feedback im Lernprozess zusammen. Studierende beklagen allerdings sehr oft die mangelnde Qualität des Feedbacks, das sie von Lehrenden erhalten (vgl. dazu z. B. die Studien von HEFCE 2011; Krause et al. 2005).

Die viel zitierte Studie des australischen Bildungswissenschaftlers John Hattie sieht neben Feedback auch das bewusste, aktive Nachdenken über den eigenen Lernprozess (welches er „metakognitive Strategien" nennt) als wesentlichen Faktor für den Lernerfolg. Dazu zählt insbesondere die **Reflexion über die eigenen Lernerfahrungen,** die im LdH-Konzept eine wesentliche Rolle spielt. Dabei geht es um ein kritisch prüfendes Nachdenken, einerseits über die Erfahrungen, die man während einer Herausforderung gemacht hat, anderseits aber auch über das erhaltene Feedback. Reflektieren über Lernerfahrungen wird schon lange von führenden Lernforschern als besonders wichtiges Element für einen wirksamen Lernprozess hervorgehoben (vgl. zum Beispiel Dewey 1933 oder Kolb 1984). Es stellt auch einen wesentlichen Eckpfeiler der konstruktivistischen Lerntheorie dar (Fenwick 2001). Das Reflektieren hat dabei nicht nur eine direkte Wirkung beim Einspeichern von Lernerfahrungen aus den jeweiligen Herausforderungen im Langzeitgedächtnis, sondern schult auch die Fähigkeit des kritischen Denkens (Quinton und Smallbone 2010). Den Studierenden strukturierte Möglichkeiten zu bieten, sich noch einmal Gedanken über die Lernerfahrungen zu machen, kann daher sowohl zur besseren Verankerung des Gelernten als auch zur Verstärkung metakognitiver Fähigkeiten beitragen.

Das Besondere am LdH-Konzept ist die **Kombination dieser einzelnen Elemente** in einem umfassenden Lernmodell. Erfahrungen, die während der Bewältigung einer Herausforderung gemacht werden, können zwar auch an sich zu Lernergebnissen führen. Diese können aber durch gezieltes Feedback verstärkt werden. Für die Wirksamkeit von Feedback ist wiederum eine Reflexion der erhaltenen Rückmeldung – ein Nachdenken über die Bedeutung für die eigene Weiterentwicklung – von wesentlicher Bedeutung (Nicol und Macfarlane-Dick 2006). Die Lernergebnisse aus dem Reflexionsprozess können dann wieder bei der Bewältigung neuer, komplexerer Herausforderungen helfen.

Bestätigt wird die positive Wirkung des Zusammenspiels der einzelnen Elemente des LdH-Konzeptes durch die Erkenntnisse aus der Forschung über Expertenleistungen. Der schwedische Psychologe K. Anders Ericsson und seine Kollegen haben untersucht, wie Menschen in verschiedensten Bereichen (z. B. Musik, Sport, Schach) zu international anerkannten Expert/innen werden (Ericsson et al. 1993; Ericsson 2006). Sie haben dabei festgestellt, dass herausfordernde Aufgaben mit ansteigendem Komplexitäts- bzw. Schwierigkeitsniveau in Kombination mit aktivem Üben, Feedback und einer guten Selbstevaluierung der eigenen Leistung wesentlich für das Erreichen eines Leistungsniveaus auf Expertenebene sind.

## 9.3  Erkenntnisse aus der Motivationsforschung

Für einen guten Lernerfolg spielt vor allem auch die Motivation von Studierenden eine wichtige Rolle. In vielen Lehr- und Lernansätzen blieb die Rolle der Motivation aber bisher eher ausgeblendet, wie auch Wirtschaftsnobelpreisträger Herbert A. Simon beklagt (Simon 2001). Dabei stellt eine der einflussreichsten modernen Motivationstheorien, die von Edwin Locke und Gary Latham entwickelte **Zielsetzungstheorie** (engl. *goal setting theory*), mit Herausforderungen und Feedback zwei Kernelemente des LdH in den Mittelpunkt des Motivationsprozesses. Demnach entfalten spezifische, herausfordernde, aber gleichzeitig auch noch erreichbare Ziele, wenn diese von der betroffenen Person auch akzeptiert werden, in Kombination mit klarem Feedback über den jeweiligen Grad der Zielerreichung eine positive Motivationswirkung (Locke und Latham 1990, 2002). Herausfordernde Aufgaben wecken Interesse und schaffen durch die Diskrepanz zwischen zu erreichenden Zielen und dem momentanen Zustand eine Art **Spannungszustand,** welchen Studierende durch zielorientiertes Verhalten reduzieren wollen (Bandura und Locke 2003). Diese Wirkung von Herausforderungen ist nicht wirklich neu. Schon die klassische „Zwei-Faktoren-Theorie" von Herzberg (1959) sah herausfordernde Aufgaben als einen der wichtigsten Motivatoren an. Dabei ist allerdings zu beachten, dass die Motivationswirkung ins Gegenteil umschlagen kann, wenn die Herausforderungen von den Studierenden nicht mit einem positiven Lern- und Entwicklungsziel verbunden sondern als Bedrohung empfunden werden (Boswell et al. 2004).

Der Motivationseffekt von Herausforderungen kann **durch Feedback verstärkt** werden (Locke und Latham 2006). Feedback verdeutlicht die Lücke zwischen herausforderndem Ziel und der aktuellen Situation und gibt den Studierenden idealerweise auch direkte Hinweise, wie sie diese Lücke überwinden können. Klare Rückmeldungen helfen Studierenden dabei, auf eine Aufgabe bzw. auf ein Ziel hin orientiert zu bleiben, insbesondere dann, wenn sie erkennen, dass sie dem Ziel wieder ein Stück näher gekommen sind. Eine solche positive Wirkung von Feedback auf die Motivation wird neben der Zielsetzungstheorie auch in anderen Schulen der Motivationsforschung postuliert (z. B. im Rahmen von kontrolltheoretischen, handlungstheoretischen oder sozial-kognitiven Ansätzen) und durch empirische Studien bestätigt (zu einer Übersicht siehe Sternad 2013).

# Fazit 10

Wie die Ausführungen gezeigt haben, handelt es sich beim Lernen durch Herausforderung um einen durchaus komplexen Ansatz. Herausforderung alleine führt nicht unmittelbar zum Lernen – ganz im Gegenteil, eine Herausforderung ohne das hier beschriebene Gesamtkonzept kann schnell zu Frustration und infolge dessen zu Desinteresse führen. Das große Maß an Freiheit, dem die Studierenden ausgesetzt sind und das sie bei richtiger Anleitung in aller Regel mit großem Engagement füllen, darf nicht zur Beliebigkeit werden. Dazu sollten einerseits klare Rahmenbedingungen wie Zeitplan oder Bewertungsregeln Leitplanken für die Studierenden schon während der Bearbeitung der Herausforderung bieten. Andererseits muss ganz zentral ein umfassendes Feedback die von den Studierenden geleistete Arbeit auffangen, würdigen und klären. Dieses Feedback macht eine intensive Auseinandersetzung mit den erbrachten Leistungen der Studierenden notwendig und kostet in aller Regel eine Menge Zeit. In dieser Weise ist Lernen durch Herausforderung nicht wirklich geeignet, Zeitressourcen einzusparen, und zwar weder auf Seite der Studierenden noch auf Seite der Lehrenden.

An den Schluss wollen wir noch eine Frage stellen: Was ist eigentlich die Herausforderung für die Studierenden, die wir in diesem *essential* so stark in den Mittelpunkt stellen? Sind auf einer höheren, abstrakteren Ebene bei all den möglichen unterschiedlichen Herausforderungen auch Gemeinsamkeiten zu erkennen? In vielen Fällen ist es ein gutes Stück Freiheit – und zugleich Unsicherheit, mit der die Studierenden zurechtkommen müssen. Und in der Reaktion auf diese Leere – die zunächst dadurch entsteht, dass es keine Musterlösung gibt, die es zu erreichen gilt, und keine Musteraufgaben, an denen man sich orientieren könnte – ist dann ein eigenständiges Denken der Studierenden gefragt: Ein kreatives Denken, das den freien Raum füllt, und ein (selbst)kritisches Denken, das die eigenen Lösungen, aber auch Informationen von anderer Seite auf Tauglichkeit prüft.

© Springer Fachmedien Wiesbaden 2016
D. Sternad und F. Buchner, *Lernen durch Herausforderung*, essentials,
DOI 10.1007/978-3-658-14142-4_10

Dreht man den Gedanken um, so ist für die Entwicklung eigener Gedanken und Ideen und damit für ein selbstständiges Denken ein entsprechender Freiraum notwendig, der weder durch (zu frühe) Intervention noch durch zu frühes Feedback der Lehrenden eingeschränkt wird, noch durch „Hinterlegung" einer konkreten Musterlösung zu stark in eine vorgegebene Richtung beeinflusst wird. Dabei ist es unvermeidlich, dass die Studierenden durch die Konfrontation mit einem ungewohnten Maß an Freiheit zumindest ein wenig irritiert werden. Dies führt beim Feedback der Studierenden an die Lehrenden regelmäßig zu Vorschlägen, Zwischenstufen der Absicherung einzubauen – und damit einer klaren Einschränkung dieses Freiraums. Beispiele dafür waren die Absegnung der Forschungsfragen durch die Lehrenden bei der „OECD-Konferenz" (siehe Abschn. 7.1) oder Fragestunden bzw. die Absegnung des finalen Konzeptes der Akteure oder Zwischenfeedback bei den Verhandlungsrunden beim Rollenspiel „Noricum" (siehe Abschn. 7.3). Solche Maßnahmen würden allerdings sowohl den Freiraum als auch die sich daraus ergebende Eigenverantwortung (beispielsweise für die selbst gewählte Forschungsfrage) deutlich einschränken. Und Eigenverantwortung und eigenständiges Denken stehen in einem engen Verhältnis zueinander. Zudem wäre am Ende die Freude und der Stolz auf ein wirklich eigenständig erreichtes Ergebnis deutlich vermindert.

Auch die Lehrenden lernen bei diesem Lehrformat immer dazu, denn auch für sie sind die Freiheit der Studierenden und deren Lösungsansätze eine Herausforderung. Am Ende ist es also ein gleichzeitiges Lehren und Lernen durch Herausforderung.

# Was Sie aus diesem *essential* mitnehmen können

- Führt in ein praxisorientiertes Lehr- und Lernmodell ein, das Studierende durch Herausforderung aktiviert und motiviert.
- Zeigt einen effektiven und effizienten Weg zum Vermitteln von Kompetenzen auf unterschiedlichen Ebenen (wie z. B. Analyse-, Problemlösungs-, Sozial- und Selbstentwicklungskompetenzen) auf.
- Integriert aktuelle Erkenntnisse aus den Motivations-, Lern- und Neurowissenschaften in ein gesamtheitliches hochschuldidaktisches Konzept.
- Beinhaltet konkrete Beispiele für die studierendenzentrierte Lehrpraxis in den Bereichen Wirtschaft und Gesundheitswissenschaften.
- Gibt Anregungen für eine lernwirksame Gestaltung von Herausforderungen sowie für effektive Feedback- und Reflexionsprozesse.

© Springer Fachmedien Wiesbaden 2016
D. Sternad und F. Buchner, *Lernen durch Herausforderung,* essentials,
DOI 10.1007/978-3-658-14142-4

# Literatur


Bandura, A., & Locke, E. A. (2003). Negative self-efficacy and goal effects revisited. *Journal of Applied Psychology, 88*(1), 87–99.

Barr, R. B., & Tagg, J. (1995). From teaching to learning – A new paradigm for undergraduate education. *Change: The Magazine of Higher Learning, 27*(6), 12–26.

Boswell, W. R., Olson-Buchanan, J. B., & LePine, M. A. (2004). Relations between stress and work outcomes: The role of felt challenge, job control, and psychological strain. *Journal of Vocational Behavior, 64*(1), 165–181.

Boud, D. (2000). Sustainable assessment: Rethinking assessment in the learning society. *Studies of Continuing Education, 22*(2), 151–167.

Boud, D., Keogh, R., & Walker, D. (1985). *Reflection: Turning experience into learning.* London: Kogan-Page.

Bourner, T. (2003). Assessing reflective learning. *Education and Training, 45*(5), 267–272.

Brand, P., & Markowitsch, H. J. (2009). Lernen und Gedächtnis aus neurowissenschaftlicher Perspektive. In U. Hermann (Hrsg.), *Neurodidaktik: Grundlagen und Vorschläge für gehirngerechtes Lehren und Lernen* (2. Aufl., S. 69–85). Weinheim: Beltz.

Braun, E., Gusy, B., Leidner, B., & Hannover, B. (2008). Das Berliner Evaluationsinstrument für selbsteingeschätzte, studentische Kompetenzen (BEvaKomp). *Diagnostica, 54*(1), 30–42.

Buchner, F. (2012). „NORICUM" – oder: Kann man die Dynamik politischer Interessen im Gesundheitswesen in einem PBL-Ansatz vermitteln? In M. Mair, G. Brezowar, G. Olsowski, & J. Zumbach (Hrsg.), *Problem-Based Learning im Dialog* (S. 110–117). Wien: facultas.wuv Universitätsverlag.

Buchner, F. (2015a). Feldkirchener OECD-Konferenz. In Bundesministerium für Wissenschaft, Forschung und Wirtschaft (Hrsg.), *Atlas der guten Lehre* (http://www.gutelehre.at). Herausgegeben vom Bundesministerium für Wissenschaft, Forschung und Wirtschaft. Wien: BMWFW.

Buchner, F. (2015b). „Noricum". In Bundesministerium für Wissenschaft, Forschung und Wirtschaft (Hrsg.), *Atlas der guten Lehre* (http://www.gutelehre.at). Herausgegeben vom Bundesministerium für Wissenschaft, Forschung und Wirtschaft. Wien: BMWFW.

Buchner, F., & Frick, U. (2011). „NORICUM" – oder: Wie kann man die Dynamik politischer Interessen im Gesundheitswesen vermitteln und gangbare Lösungsstrategien eröffnen? In B. Berendt, H.-P. Voss, J. Wildt, & P. Tremp (Hrsg.), *Neues Handbuch Hochschullehre. 48. Ergänzungslieferung.* Stuttgart: Raabe.

Buchner, F., & Penz, H. (2010). Lernend Forschen und forschend Lernen – die Feldkirchener OECD-Konferenzen. In B. Berendt, H.-P. Voss, J. Wildt, & P. Tremp (Hrsg.), *Neues Handbuch Hochschullehre. 45. Ergänzungslieferung.* Stuttgart: Raabe.

Capaul, R., & Ulrich, M. (2010). *Planspiele – Simulationsspiele für Unterricht und Training.* Altstätten: Tobler.

Dewey, J. (1933). *How we think: A restatement of the relation of reflective thinking to the educative process.* Boston: D. C. Heath and Company.

Ericsson, K. A. (2006). The influence of experience and deliberate practice on the development of superior expert performance. In K. A. Ericsson, N. Charness, P. J. Feltovich, & R. R. Hoffmann (Hrsg.), *The Cambridge handbook of expertise and expert performance* (S. 683–703). Cambridge: Cambridge University Press.

Ericsson, K. A., & Charness, N. (1994). Expert performance: Its structure and acquisition. *American Psychologist, 49*(8), 725–747.

Ericsson, K. A., Krampe, R. T., & Tesch-Römer, C. (1993). The role of deliberate practice in the acquisition of expert performance. *Psychological Review, 100*(3), 363–406.

Farrell, C. (2005). Perceived effectiveness of simulations in international business pedagogy. *Journal of Teaching in International Business, 16*(3), 71–88.

Fenwick, T. (2001). *Experiential learning: A theoretical critique from five perspectives.* Columbus: ERIC Clearinghouse on Adult, Career, and Vocational Education/Ohio State University.

Gasser, P. (2012). *Einführung in die Neuropsychologie: Für Lehrende der Erwachsenenbildung.* Bern: hep.

Gog, T. van, Ericsson, A. K., Rikers, R. M. J. P., & Paas, F. (2005). Instructional design for advanced learners: Establishing connections between the theoretical frameworks of cognitive load and deliberate practice. *Educational Technology Research and Development, 53*(3), 73–81.

Hattie, J. (2009). *Visible learning: A synthesis of over 800 meta-analyses relating to achievement.* Abingdon: Routledge.

Hattie, J. A. C. (2013). *Lernen sichtbar machen.* Hohengehren: Schneide.

Hattie, J., & Timperley, H. (2007). The power of feedback. *Review of Educational Research, 77*(1), 81–112.

HEFCE. (2011). National student survey: Findings and trends 2006–2010. http://www.hefce. ac.uk/media/hefce/content/pubs/2011/201111/11_11.pdf. Zugegriffen: 11. Sept. 2015.

Herrmann, U. (2009a). Neurodidaktik – neue Wege des Lehrens und Lernen. In U. Hermann (Hrsg.), *Neurodidaktik: Grundlagen und Vorschläge für gehirngerechtes Lehren und Lernen* (2. Aufl., S. 9–17). Weinheim: Beltz.

Herrmann, U. (2009b). Gehirnforschung und die neurodidaktische Revision des schulisch organisierten Lehrens und Lernens. In U. Hermann (Hrsg.), *Neurodidaktik: Grundlagen und Vorschläge für gehirngerechtes Lehren und Lernen* (2. Aufl., S. 148–181). Weinheim: Beltz.

Herzberg, F. (1959). *The motivation to work.* New York: Wiley.

Hounsell, D. (2003). Student feedback, learning, and development. In M. Slowey & D. Watson (Hrsg.), *Higher education and the lifecourse* (S. 67–78). Maidenhead: SRHE/ Open University Press.

Huber, L. (2009). Warum Forschendes Lernen nötig und möglich ist. In L. Huber, J. Hellmer, & F. Schneider (Hrsg.), *Forschendes Lernen im Studium* (S. 9–35). Bielefeld: Universitätsverlag Webler.

Immordino-Yang, M. H., & Fischer, K. W. (2011). Neuroscience bases of learning. In V. G. Aukrust (Hrsg.), *Learning and cognition in education* (S. 9–15). Oxford: Elsevier.

Kerres, M., Bormann, M., & Vervenne, M. (2009). Didaktische Konzeption von Serious Games: Zur Verknüpfung von Spiel- und Lernangeboten. *Zeitschrift für Theorie und Praxis der Medienbildung.* http://mediendidaktik.uni-due.de/sites/default/files/kerres0908_0.pdf. Veröffentlicht: 25. Aug. 2009. Zugegriffen: 17. Sept. 2015.

Kolb, D. (1984). *Experiental learning: Experience as a source of learning and development.* Englewood Cliffs: Prentice Hall.

Krause, K.-L., Hartley, R., Richard, J., & McInnis, C. (2005). The first year experience in Australian universities: Findings from a decade of national studies. Canberra/Melbourne: Australian Government Department of Education, Science and Training. http://www.griffith.edu.au/__data/assets/pdf_file/0006/37491/FYEReport05.pdf. Zugegriffen: 11. Sept. 2015.

Latham, G. P., & Brown, T. C. (2006). The effect of learning vs. outcome goals on self-efficacy, satisfaction and performance in an MBA program. *Applied Psychology, 55*(4), 606–623.

LePine, J. A., LePine, M. A., & Jackson, C. L. (2004). Challenge and hindrance stress: Relationship between exhaustion, motivation to learn, and learning performance. *Journal of Applied Psychology, 89*(5), 883–891.

Locke, E. A., & Latham, G. P. (1990). *A theory of goal-setting and task performance.* Englewood Cliffs: Prentice-Hall.

Locke, E. A., & Latham, G. P. (2002). Building a practically useful theory of goal setting and task motivation: A 35-year odyssey. *American Psychologist, 57*(9), 705–717.

Locke, E. A., & Latham, G. P. (2006). New directions in goal-setting theory. *Current Directions of Psychological Science, 15*(5), 265–268.

Martin, T., Rivale, S. D., & Diller, K. R. (2007). Comparison of student learning in challenge-based and traditional instruction in biomedical engineering. *Annals of Biomedical Engineering, 35*(8), 1312–1323.

Michael, J. (2006). Where's the evidence that active learning works? *Advances in Physiology Education, 30*(4), 159–167.

Mills, J. E., & David, F. T. (2003). Engineering education – Is problem-based or project-based learning the answer? *Australian Journal of Engineering Education, 3*(1), 2–16.

Nicol, D., & Macfarlane-Dick, D. (2006). Formative assessment and self-regulated learning: A model and seven principles of good feedback practice. *Studies in Higher Education, 31*(2), 199–218.

O'Mahoney, T. K. O., Vye, N. J., Bransford, J. D., Sanders, E. A., Stevens, R., Stephens, R. D., Richey, M. C., Lin, K. Y., & Soleiman M. K. (2012). A comparison of lecture-based and challenge-based learning in a workplace setting: Course designs, patterns of interactivity, and learning outcomes. *Journal of the Learning Sciences, 21*(1), 182–206.

Peters, V. A., & Vissers, G. A. (2004). A simple classification model for debriefing simulation games. *Simulation & Gaming, 35*(1), 70–84.

Quinton, S., & Smallbone, T. (2010). Feeding forward: Using feedback to promote student reflection and learning – A teaching model. *Innovations in Education and Teaching International, 47*(1), 125–135.

Reinmann, G. (2013). Didaktisches Handeln: Die Beziehung zwischen Lerntheorien und Didaktischem Design. In M. Ebner & S. Schön (Hrsg.), *L3T: Lehrbuch für Lernen und Lehren mit Technologien.* Version 2013. Bad Reichenhall: BIMS. http://l3t.tugraz.at/HTML/didaktisches-handeln/1376986875welche-lerntheorien-gibt-es/. Zugegriffen: 17. Sept. 2015.

Roselli, R. J., & Brophy, S. P. (2006). Effectiveness of challenge-based instruction in biomechanics. *Journal of Engineering Education, 95*(4), 311–324.

Sadler, R. D. (1989). Formative assessment and the design of instructional systems. *Instructional Science, 18*(2), 119–144.

Sawczynski, S. (2012). Qualifiziertes Feedbackgeben als PBL-Coach. In M. Mair, G. Brezowar, G. Olsowski, & J. Zumbach (Hrsg.), *Problem-based learning im dialog* (S. 262–271). Wien: facultas.wuv Universitätsverlag.

Simon, H. A. (2001). Learning to research about learning. In S. M. Carver & D. Klahr (Hrsg.), *Cognition and instruction: Twenty-five years of progress.* Mahwah: Lawrence Erlbaum Associates.

Springer, L., Stanne, M. E., & Donovan, S. S. (1999). Effect of small-group learning on undergraduates in science, mathematics, engineering, and technology: A meta-analysis. *Review of Educational Research, 69*(1), 21–51.

Sternad, D. (2013). Towards an eclectic framework of external factors influencing work motivation. *SBS Journal of Applied Business Research, 2*(1), 7–19.

Sternad, D. (2015a). A challenge-feedback learning approach to teaching international business. *Journal of Teaching in International Business, 26*(4), 241–257.

Sternad, D. (2015b). 24-Stunden-Challenge. In Bundesministerium für Wissenschaft, Forschung und Wirtschaft (Hrsg.), *Atlas der guten Lehre* (http://www.gutelehre.at). Herausgegeben vom Bundesministerium für Wissenschaft, Forschung und Wirtschaft. Wien: BMWFW.

Tokuhama-Espinosa, T. (2014). *Making classrooms better: 50 practical applications of mind, brain, and education science.* New York: W. W. Norton & Company.

Willis, J. (2010). The current impact of neuroscience on teaching and learning. In D. A. Sousa (Hrsg.), *Mind, brain & education: Neuroscience implications for the classroom* (S. 45–68). Bloomington: Solution Tree Press.